한영필 산수기념 문집

多松 한영필

오늘의
문학사

문화예술 수상

한국묵화회 야영기념촬영

한밭아동문학 13호 『아기잠자리 포로로』 출판기념회

제97회 문학사랑 축제

제2회 개인전에서 연설

제3회 충청북도 서예대전 우수상 시상 (1993. 6. 21)

임재만의 출판기념회 꽃다발 증정

그림 전시회 형, 아우 기념촬영

출판기념회 및 제2회 개인전

출판기념회 및 제2회 개인전

출판기념 시낭송 (문희순 선생님)

출판기념 축하공연 대금 연주

전시회에 참석한 보은 회남 친지와 기념촬영

시화전과 출판기념회를 축하해주시는 소중한 분들

시화전과 출판기념회를 축하하시는 선생님들

연도별 상패와 감사패

2009. 4. 18 예술발전 공로상

1997. 3. 22 국제미술대회 감사패

1997. 2. 19 한국묵화회 회장 기념패

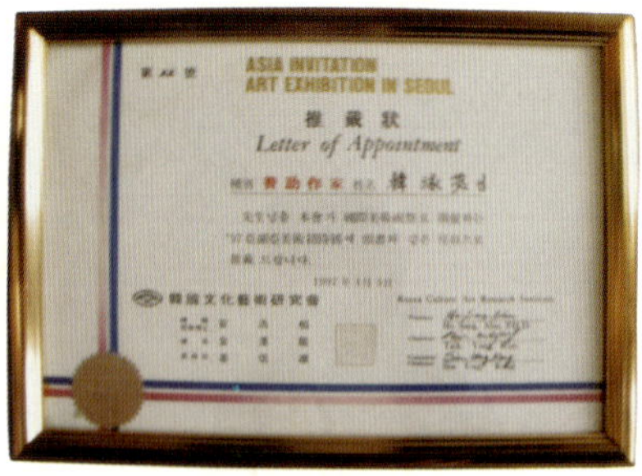

1997. 1. 5 국제미술추천작가

1996. 8. 10 태국왕조50년 기념전시

1995. 3. 22 아세아국제미술대전

| 책머리에 |

잠자리 누워 암울했던 80년 세월
회고하니 파괴 건설 먹히고 먹고
경쟁 속에 잘 산다지만 인심은 예전만 못하다

못 먹고 굶주렸던 시절 인사말은
"진지 잡수셨어유?" 그래 그때는 그랬지
그래도 서로 돕고 품앗이 하며 이웃사촌이었지

옛것은 사라지고 새것이 오니
지나간 것은 그리운 것
잊혀져 가는 옛것들을 이 책에 담아보면서

돈도 안 되는 시 쓰고 그림 그리고
얻은 것은 목 디스크
자라목 웅크린 자세 시화 속에 잠이 든다.

내 것에 집착하기보다 남을 먼저 생각했다
외나무다리에서 누구를 만나도 천하무적이라
나를 지켜봐주신 분들께 감사를 드린다.

‖ 차례 ‖

제2장 가족 친척들 서로 사랑하라

제3장 **해방과 한국전쟁**

제4장 **대전으로 날개를 달다**

제5장 **종교**

제6장 **보은 회남 율림산방(栗林山房)**

제7장 국궁(활) 호연지기

제8장 **반세기 변화**

제 1 장

소중한 사람들

풍세면 통미 2길

— 2013년 29번째 진을 치다

백제 공산성 100만 대군을 인솔하여 천안 고려태조 왕건의 군사기지로 아카시아 군량미 따라 29번째 이동을 하니 2013년 가을이라. 진지를 구축하고 보니 양봉기지로 부적합하여 진퇴양난이다.

군사력은 쇠약해지고 노장으로서도 사기가 떨어진다.

대성리 붉은 황토 찰흙으로 흙벽돌 진지를 구축하려 벽돌 한 장 찍어 보았다. 탄탄하기가 상상을 초월했다. 시멘트 벽돌 지은 집은 30년이라면 흙벽돌은 1세기 100년은 거뜬하리라 생각된다. 그런 생각을 했음에도 또 좋은 기회가 있었는데 왜 잡지 못했는지 이제 와 자신을 원망하고 후회한들 대성리 버스는 지나갔다. 과거에도 좋은 호재를 포착하지 못하고 지나고 보면 잘못이었다.

이곳 천안에 온 것은 서두에 말한 대로 밀봉 때문이다. 자연 속에서 내 여기 살으렸다. 또 이웃사촌들이 있어 행복한 즐거움이다.

이제는 지는 해 올라가지 못할 나무 바라보지 말고 잘났다고 아는 체하지 말고 남의 말 경청만 하고 칭찬하고 남을 위해 배려하기로 했다. 부정한 수단으로 부귀영화를 누린다는 것은 하늘에 떠도는 구름 조각이나 다름없다. 나는 다만 옛 전통을 그리워하며 그것을 배우고 실천하는 사람이니 남은 것은 아무것도 없지만 없다고 차별해도 부끄러운 일은 없다. 모두가 나를 환영해 주시니 감사할 뿐이다.

천안 남관터 유래

천안 풍세에 위치한 남관리 새도로명 주소지 풍세면 통미마을로 고려 태조 왕건이 도덕부를 두고 이곳에 군사기지로 군대를 양성하여 주둔시켰다 한다.

이 지방에 효자 호조정랑 유공(公) 언겸(彦謙) 효자가 있었다. 천안의 남쪽 공사 계수봉 아래 남관리 공사동 입구에 문화 현령을 지낸 유언겸의 정문이 있으니 유씨 문중에 광영이라. 경인(敬仁)은 유공의 장자이고 명립(名立)은 유공의 손자이다. 또 공의 소실도 열녀의 정문을 내렸으니, 삼대에 문 넷을 세워 국가의 풍기를 바로잡고 기강을 확립한 것이다.

유공의 부친은 2세때 돌아가시고 홀어머니를 모시기에 지극정성 다하였다. 상사를 당한 후 3년간 시묘살이를 하고, 범이 늘 함께하여 모든 위험을 막아주고, 3년 시묘 복을 벗으니 주변에 편한 것들이 없어지고 범도 가버렸다 한다. 중종 1526년 공의 나이 31세부터 모든 관직을 거쳐 승승장구하다가 관사에서 순직하니, 향년 63세로 공사동 계수봉에 안장되었다 한다. 성품과 지조가 대쪽 같고 거울같이 맑아 효행과 청렴으로 살았으니 천인(天人)이 감동하고 효(孝)는 백행지근본(百行之根本)을 몸소 행하신 하늘이 내리신 분이다.

서울 관직에 있을 때 여인을 소개받아 결혼하기로 날짜까지 받아놓고 알고 본 즉, 그 여인의 미모가 절세가인이라 파혼하였다 한다. 나 같으면 심봤다 환호하며 명품 신발, 명품가방, 명품의상을 준비하여 맞이하고 팔도에 부동산 호화주택을 사드리고 유력인사를 통하고 남이야 망하든지 청백리가 밥 먹여주나 그때는 김영란법도 없고 얼마나 좋아했을 것이다. 그러나, 유공은 참으로 훌륭한 분이었고, 유씨 가문에 영광이고 길이 남을 등불이어라.

계수봉 아래 효자문
오백년 지켜온
불사영생 유공은
근본을 직무하네.

노송은
호위무사로
허리 굽혀 조아린다.

동방 아침의 나라
천륜이 무너지고
부모자식 버리니
금수와 다름 없네.

오호라
슬픔 지고야
하나님이 통곡한다.

통미산하 교천정사(通美山下 教遷精舍)

아름다운 山 밑에
교천정사 지어놓고

서재에 쌓인 도서
언제 책거리 할까
두어라
정신수양도
학문인가 하노라

양귀비 채송화 꽃길
꽃 박람회 열어놓고

오가는 길손 쉼터
화간에 춤을 춘다
산수의
외로운 길이
산마루 걸쳐있다.

천안(天安) 풍세(豊歲) 통미(通美)
편안한 세월 아름답구나

고려 태조 왕건이
도덕부를 두었고

유구한
역사 묻힌 곳
나 여기 살으렷다

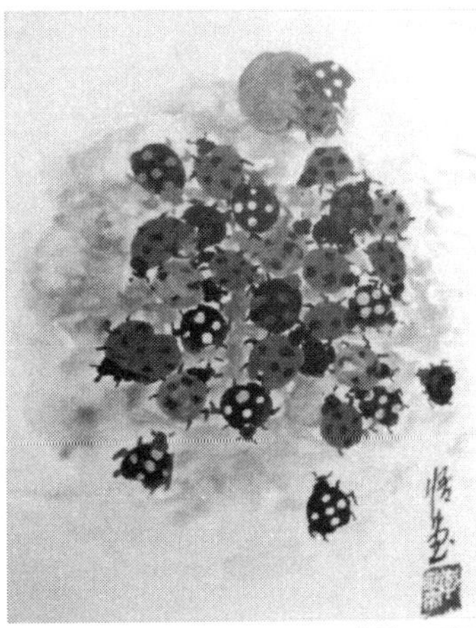

축화 오당작

순천만 관광

— 풍세면 통미 단체관광

남관천 굽이돌아
통미마을 이루었네.

마을회관 한 마음
깃발 꽂은 순천만
가로수
꽃바람 날리며
산과 들을 주름잡아

소복소복 추억담아
천년만년 좋을시고

차창 속 까치가 최고야
방뎅이 방방 굴리며
무조건
달려갈 거야
내일의 에너지 위해.

청춘을 돌려다오
세월 마신 호랑나비
별들도 잠자는 새벽
홰를 치는 정유년

희망찬
통미 사람들
쾌지나 칭칭 나네.

6.25 전쟁과 가난

— 유경노(俞敬老) 풍세면 통미 리장

아빠 엄마 일 나가면 우리들은 먹을 것만 생각난다. 옆집에서 장 끓이고 밥 짓는 구수한 냄새 뱃속에 회가 동하고 우리는 서로 얼굴만 쳐다보았다.

일본의 죄악 속에 살다 해방도 잠시 잠깐이며, 의식주가 어려운 때, 뜻하지 않은 1950년 6월 25일 일요일 새벽에 불범남침 급습하여 속수무책으로 밀려 부산 한 귀퉁이 나라의 운명이 풍전등화였다.

아버지는 6.25 참전 군인이었다. 훈련도 제대로 받지 못하고 나라의 명령으로 전투에 투입하게 된다. 36년 일제 치하에서 자립할 수 있는 게 무엇이 있겠는가. 아버지는 백마고지에서 새벽에 유엔군과 합세하여 백마고지를 공격하고 공산군을 격퇴하는데 투입되었다. 치열한 전투에 폭풍우 같이 쏟아지는 총알, 물밀 듯이 덮치는 중공군과 작열한 싸움에 쓰러져 가족을 부르며 죽어가는 병사를 뒤로하고, 명령에 따라 고지정상에 뼈를 묻을 각오 사즉생(死則生)으로 고지를 탈환했으나 허벅지에 총상을 입어 다리를 끌고 정신적으로 버티며, 구사일생으로 살아남았다고 그 당시 상황을 말씀하셨다.

9월 28일 인천상륙작전으로 전세가 반전되어 북진하여 신의주 일대를 공격함으로 3개월 만에 전세는 역전되어, 남북통일 전선을 눈 앞에 놓고 1953년 7월 27일 정전협정 체결이 안 되었으면 남북통일이 되었을 것을, 리승만 대통령은 결사반대하였지만 미 · 소 그리고 김일성이 휴전협정에 조인하였음으로 휴전되었다.

총성은 멈췄지만 헐벗고 춥고 배곯은 거지나라, 사람들도 거지였다. 자본도 없고 산업도 농업도 원시적이고 못 배워 식견이 없고 가난한 이웃들은 누구나 나물을 뜯고 가장들은 지게짐으로 땔나무를 팔아 목구멍에 풀칠을 했다. 칡뿌리 캐고 쑥을 뜯고 산야에서 먹을 수 있는 것은 다 채취하여 먹거리를 만들었다. 우리들은 한창 자랄 나이에 가난을 먹고 살았다. 초근목피로 연명하고 보릿고개란 말도, 조반석죽이란 말도, 이때 나온 유행어이고 그래서 그때 인사말은 "진지 잡수셨이유?"였다.

일진 일퇴, 3년간 전쟁 속에 말 없는 산하는 황폐되고 수많은 사상자와 이산가족의 아픔을 남긴 채 휴전이 되었고, 아버지는 부상을 딛고 돌아오셨지만 앞으로 살길이 막막하였다.

가난을 아버지로부터 물려받은 것도 아니고, 5천년 역사 끝자락에서 우리 조상들은 어렵게 살아왔다. 그 지긋지긋한 가난, 이제는 용서 안 할 것이다. 내 육탄을 던져 내 손으로 무찌를 것이다. 초저녁 별을 보고 새벽달을 보며, 가난을 저 멀리 천리 밖으로 밀어낼 것이다. 한치의 농토라도 넓히고 종자를 갱신하고 경제작물을 재배하여 다수확 고부가가치를 올려야 한다. 낙후된 마을도 새롭게 단장하며 마을길도 넓히고 회관도 지어 화합의 장으로 만들어야 한다.

이런 계획으로 밤낮으로 뛰다보니 새마을운동이 시작되어 온 마을이 메마른 가지에 물이 오른다. 정부 지원도 받고 회관도 건축하고 아름다운 마을로 탈바꿈한다.

송아지도 기르고 경운기로 논밭을 갈고 메마른 땅 옥토로 변하고 보리죽도 못 먹었는데 쌀밥에 고깃국 배부르니 등도 뜨시네. 마을도 부자 되어 통장 들고 농협을 드나드니 신바람 난다.

트랙터 이앙기로 논일을 끝내주고 자동차도 집집마다 즐비하니 잿더미에서 이룩한 신화창조, 우리네 민족근성 세계 속에 자랑이다. 세계서 제일 못 사는 나라, 이제는 선진국 대열에서 도움을 받던 나라가 도움을 주는 나라 되었으니, 우리가 노력하고 선조님들의 피와 땀의 결실이다.

살기 좋은 통미, 노인회장, 부인회장, 삼위일체 하나 되어 구수한 커피향 잔잔한 대화 속에 오늘도 내일도 기쁜 날 좋은 날을 감사하며 천안의 하늘 아래 풍세 통미의 깃발, 우리들의 기상 하늘 높이 펄럭인다.

—가난을 물리친 유경노의 삶

春來不似春—
봄이 와도 봄 같지 않다

4월이 되면 많은 이들이 봄 꽃 소식을 기다리며 반기지만
노인들 하위 계층은 텅텅 빈 주머니 사정
봄이 와도 봄 같지 않다.
3월에 피는 매화
4월에도 필동 말동 홍매화 청매화는 키 세우기 기 싸움
늙은이 힘이 없으니 두 주먹만 불끈불끈
8.15/ 6.25 폐허에 풀 때 죽 끼니 때우며
국토재건 교육열정 여기까지 살아왔다
무에서 유를 창조한 노인들 노후대책 허무하다.
병실 병상에 누워 천정을 바라보니
5억 황제 일일 노역 권력자들의 소행
가진 자 갑질 행태 소외된 하위계층.
아들 딸 있다지만 이산가족 되었다.
대한민국 복지정책 노인들의 생명줄이 기쁘다.
뭐니 뭐니 해도 머니가 최고다.
기초연금 20만원 공약, 공약이 아니고 보상으로 받는 것.
티격태격 탁상공론, 7월에 준다는 약속 손꼽아 기다린다.

— 『충남신문』에 수록된 한영필 작품

통미 사람들

갑오년 새해 태양을
메고 산에 오른다.
산 정상 다송(多松)들아
찬란한 서광이 비친다.

지난해 모진 한파가
남풍으로 날리리라.

청마의 힘찬 출발
통미마을 뒷산을
밀고 당기고 끌고
어영차 어기여차

오는 해
희망을 엮어
대보름달 밝히리라.

* 통미 : 풍세면의 마을 이름.

老人會長 전일웅(田一雄)

풍세 통미(豊歲 通美) 아름다운 마을, 여기에 전일웅 노인회장이 살고 있다. 그는 장유유서 상하화목정신(長幼有序 上下和睦情神)을 근본(根本)으로 이끄시니, 모든 이에게 귀감이 되고 경로효친 사상을 일깨워주시니 존경받는 회장이시다.

이장과 노인회 부녀회가 한데 어울려 무슨 일이 있을 때마다 노인정에 모여 서로 소통하고, 다수 의견에 따라 가결하니 부드럽고 매끄럽게 진행되며 유종의 미(有終美)를 거둔다.

개인적으로도 애로 있는 가정에 차량을 손수 운전하며 도와주니, 자연히 상부상조(相扶相助) 남을 먼저 배려하니, 三位一體 하나 되어 살기 좋은 통미마을, 하늘 높이 펄럭이는 깃발은 마을 사람들의 기상(氣像)이다.

존경받는 노인회장 전일웅, 풍세의 영원한 등불이며, 연년익수(年年益壽)! 건강을 기원합니다.

천안풍세 부인회장 공원옥(孔元玉)

소슬바람 앞세우고
흐드러진 코스모스

빨강 노랑 하얀 꽃
통미마을 함께 살고

꽃 나비
향기 날리며
고을마다 춤춘다.

남관천 훨훨 넘어
풍세에 품고 가서

내 입김 불어넣어
성화처럼 타 올라

천안시
환히 밝히는
아름다운 코스모스.

태풍에 아카시아
뿌리 채로 뽑혔어도

높은 하늘 뽐내는
부드러운 몸가짐

병신년(丙申年)
통미의 달빛
사람마다 웃음꽃.

아! 잊으랴 어찌 우리 이날을

유병진(兪炳辰) 참전용사(참전용사의 집 - 천안 동남구 풍세면 통미 유경노의 부친)께 들었다.

세월은 주야로 흐르는 유수와 같다고 누가 말했던가. 한국전쟁 6.25가 발발한 지도 66년이 도래한다. 그때 나는 소년 시절 홍천서 6.25와 1.4후퇴를 겪었다.

집 앞 산에서 아군과 인민군이 교전을 하니 야간에는 총알이 불빛을 내며 빨래줄 같이 날아간다. 얼마동안 콩 볶듯 하다가 잠시 쉬는지 그리고 또 총성이 우리집을 뚫고 들어오는 듯 정말 죽는 것 같았다. 가장 무서운 것은 날이 새 인민군이 집에 찾아 집안, 밖을 뒤질 때가 제일 겁이 났다.

낮에는 비행기가 폭격을 한다. 마을 의심되는 곳에 폭격을 하면 집이 흔들리고 문짝이 떨어져 문고리를 잡으니 비행기가 꼭 들여다보는 것 같았다.

밤에는 불도 못 켜고 낮에는 나다니지도 못한다. 인민군에 붙들리면 실탄짐과 밥짐을 지고 고지(싸움장소)로 가야한다.

군인보다 더 위험하다. 나의 숙부는 일부러 발목을 자해하여 모면했다. 6.25와 1.4후퇴 1진 1퇴 전쟁 속에서 살아남은 것만이 다행으로 생각한다.

유병진(兪炳辰) 참전용사

일본의 죄악 속에 살았지만 해방도 잠시 잠깐, 의식주가 어려울 때 뜻하지 않은 한국전쟁이 발발하여 약관의 나이에 입대했다고 하셨다. 군인으로서 전투태세와 장비와 시설이 부족하였다고 하셨다.

유병진 참전용사는 불굴의 정신으로 무장하고 36년 일제 치하에 자립으로 할 수 있는 게 무엇이 있겠는가. 그 당시 북은 우리와는 달리 지식으로나 생활수준이 앞섰다고 말했다. 그러한 가운데 6월 25일 일요일 새벽에 급습하니, 남쪽에선 속수무책으로 밀려 패배하게 된다. 바람 앞에 촛불인 격이다. 여러 번 죽을 고비를 넘기고 9월 28일 3개월 만에 인천상륙작전으로 전세는 반전되어 북진하여 신의주 신안주 일대를 공격함으로 북의 전세는 풍전등화 그 자체였다고 하셨다.

유병진 참전용사는 새벽에 백마고지를 공격하여 공산군을 격퇴하고 백마고지 능선상 국군 9사단과 프랑스 군대와 협세하여 중공군과 치열한 전투에 폭풍우같이 쏟아지는 총알이 물밀 듯이 덮치는 중공군, 작렬하는 싸움에 전우는 쓰러져 가족을 부르며 숨을 거둔다. 반 이상이 희생된 것 같으나 군대는 명령이기에 고지 정상에 뼈를 묻기로 했다. 사즉생으로 고지를 탈환했지만 쓰러진 장병은 총알에 벌집 같은 참상 끔찍한 상황을 말할 수가 없었다 한다.

유병진 용사도 허벅지에 총상을 입었지만 다리를 끌고 정신력으로 버티며 구사일생으로 살아남았다고 그 당시 상황을 말해주었다.

1953년 7월 27일 정전협정이 체결되어 치료도 받지 못하고 지팡이로 절며, 절며 돌아와 보니 가정도 전쟁터였다고 한다.

일진일퇴 전쟁 속에 말없는 산하는 황폐되고 수많은 사상자와 이산가족의 아픔을 남긴 채 앞으로 온 국민은 어떻게 살까, 나만의 문제가 아니었다고….

구사일생으로 살아남은 나는 가족과 함께 가난을 밀어냈다. 살아있다는 것만으로도 행복한 것이다.

나라 위해 목숨 바친 참전용사, 그리고 생존하신 용사분들께 감사를 드리며, 6.25 한국전쟁 아직도 남북이 대치국면에 있으니, 정치권이나 국민들은 지난 날 참상이 다시 없도록 나라사랑하는 마음 하나 되기를 바랄 뿐이다.

살기 좋은 천안, 풍세 통미

하늘 아래 가장 편안한 天安
세세년년 풍년 들어 豊歲
아름다움으로 통하는 通美

이 고장을 아름답게 가꾸시는 내 이웃을
내 몸같이 사랑하는 이웃사촌들

마을 일꾼들
유경노 마을 이장
전일웅 노인회장
공원옥 연합회장
유순자 노인회장
유진웅 사무장
유기석 마을지도자

주인의식을 몸소 실천하며 따끈따끈하고, 질박한 그 자체, 살고 싶은 통미 마을은 부러움의 대상이다.

이 지역 특산물이나 볼거리는 없지만 마음이 풍요롭고 서로서로 존경하니 아름다운 통미마을, 살고 싶은 우리 마을 더도 말고 덜도 말고 천년을 한결 같아라.

아침 햇살 모아들여
찻잔 속에 모락모락

피어오르는 향기
잔잔한 대화 속에

오늘도
좋은 날 기쁜 날
사랑해요 감사해요

1950년대 농촌 풍경

한국전쟁 참전용사
— 유병진, 대전현충원 안장

민족 역사 현충원, 국립 대전 현충원
늙어가는 세월을 이길 수가 없어도
미수의 일기로 졸업, 국가유공 표창장.

백마고지 총성은 메아리로 돌아오고
참전 상이용사 내 몸의 훈장처럼
명당 터 즐비한 영혼 석비가 지켜섰네.

장렬한 햇빛 뿌려 소낙비 더위 식고
남관천 고운 무지개 맑은 물 길어 올려
현충원 흙 뿌리는 날 물을 찾던 운명 순간.

온 마을 떠받친 기둥 이웃사랑 남겨두고
마을회관 좌상 주인 빈자리 쓸쓸하고
남관터 통미마을을 노송처럼 지켰네.

* 유병진 : 한국전쟁 참전용사. 국립대전현충원 안장. 2015년 겨울

축시

— 공원옥 국무총리상 수상

백두대간 줄기차게 뻗어 내린 통미산에
자리 잡은 이 텃밭에 역사가 길이남아
공원옥 장원급제가 대한 땅에 내리셨네.

현모양처 농사일꾼 사회봉사 이웃돕기
일인사역 동분서주 새벽 열어 석양 햇빛
공원옥 어둔 밤하늘 환한 별 달 빛나라.

우리가 바라는 마음 하늘이 편안하고
풍세가 풍요로워 통미 마을 아름다운
공원옥 부녀회 회장 서로 돕고 사랑하리.

* 공원옥 부녀회장의 대한민국 국무총리상 수상을 축하하며. 2016. 11. 30

소중한 사람

— 이상경

백봉땅 한가로운 농촌마을, 초등 시절 만난 이상경 어언 65년! 지금 산수(팔순)의 나이! 뒤돌아보면 온갖 역경과 시련이었고 좋은 날보다는 힘든 날이 더 많은 것 같다. 그러나 우리의 마음은 일편단심 진실과 믿음은 영원한 하늘나라에서도 함께 할 것이다.

1950년대는 온 국민이 살기가 어렵고 조반석죽이란 그 시대 말인 것 같다. 점심시간에 나를 데리고 자기 집에 가서 밥을 먹는다. 보리밥이 아니면 고구마, 개떡, 쑥버무리로 끼니를 때운다. 때로는 어린 마음에도 부모님 보기가 미안해서 안가면 같이 점심을 굶는다. 저 혼자 먹고 올 때면 고구마나 개떡을 가지고 와서 나를 냇가로 불러내 먹게 한다. 팔순이 된 나이에 지금 생각하면 눈시울이 적셔진다. 그 시절에 사는 형편 모두 다 그러니 도시락을 못 싸오는 사람이 많았다.

중학교에 못 가게 되니, 부모님께 허락 받았으니 자기네 집에서 먹고 자고 같이 다니자고 권하여 진학하게 되었고, 식비도 못 내고 피해를 끼치게 되었으나 친구는 내게 용기를 주었다.

상급학교를 갈수록 더 난관이 앞에 가로놓였다. 사람들은 청운의 뜻을 품고 상경한다 하였으나 나는 현실도피성 상경이다. 고학이란 그 말 자체이기 때문이다. 두 사람은 잠시 헤어져 그동안의 생활은 잘 모르지만 군대 통보를 받고 다시 만나게 된다.

육군 입대 영장을 받고, 나는 입대할 생각을 다음으로 미루고 있던 차 친구가 찾아와 순간 마음이 바뀌어 친구 뒤를 따랐다. 같은 의병과로 훈련소부터 군의학교 같이 가는 정도가 아니고 옆자리서 침식을 같이했다.

군의학교를 졸업하고 나는 전방으로 친구는 후방으로 갈리게 되어 1년 동안 헤어졌고 나는 카츄샤 특명을 받아 대구 병참 중대로 근무하게 되고, 친구는 대구 제1육군병원에 복무하니 두 사람은 생애 특별한 인연인가 군대서도 자주 만났다.

복무기간을 무사히 마치고 나는 농촌지도 생활을 했고 친구는 청주에서 살며 지방의회 의원으로 고군분투 당선되었고, 이어서 지방자치단체 공직생활을 하고, 팔순 나이에 지금도 종교단체 재무 일을 하니 사회적으로 진실과 신뢰가 공공연하게 인정하기 때문이다. 가족과 한자리서 그는 이런 말을 했다. 깊은 산중에 쓸모 있는 나무가 있으면 뽑아 쓰게 된다고 어린 나이에 말한 것이 지금도 생각이 난다.

오우가에 〈내 벗이 몇이냐 하니 수석과 송죽이라 동산에 달 오르니 그 더욱 반갑고야 두 어라 이 다섯 밖에 또 더하여 무엇하리.〉 나에게 네 벗이 몇이냐고 묻는다면 단 한 사람이다. 어떻게 살았기에 다섯도 안 되느냐? 열사람 백사람 많은 친구를 두었다고 말하는 이도 있다. 한 사람 친구를 두었어도 오장을 떼어줄 수 있는 친구가 열 친구 부럽지 않다.

내가 어려울 때 내 어머니를 모시겠다고 안식구와 상의하였다며 모시겠다 하였으나 나는 허락하지 않았다. 아무것도 해준 것 없고 항상 신세만 지고 미안할 따름이다. 정말 내게 소중한 사람이다.

65년 지기지우(知己之友)

이 강골서 삼박골,
방아다리 골 송골

골골마다 물 흐르고
사람 사는 골 이름

사람은
각각이지만
물색은 하나인데

진화하는 세월은
바쁜 걸음 달리고

지난날 나 사는 길
회오리 바람일세.

오늘날
되돌아보니
세월 간 빈자리네.

눈감고 헤아리면
아득히 보이는 듯

눈 뜨고 생각하니
더더욱 아련하다.

지난 날
못 잊을 일들
운무로 사라진다.

산수에 빛바랜 모습
바라보니 내 모습

깊게 파인 세월 흔적
뉘라서 막을손가.

백봉땅
첫 만난 사람
우리 이름 백봉일세.

우정
— 고마운 친구

발자국 옮길 때 그대가 힘이 된다.
운명을 개척하는 굽이굽이 험한 길
희망의 물결을 따라 소용돌이 힘차다.

달구지 짐을 풀어 둥지 틀은 새터민
봄볕이 쏟아지는 청보리 맺을 무렵
백봉골 소년 시절을 봄날의 만난 친우.

보리개떡 찐 고구마 품안에 안고 와서
불러내어 내민 손길 눈물 젖은 보리개떡
뒤돌아 흘러 온 세월 꿈엔들 잊으리오.

김학순(金學淳) 선생(先生)

— 세종시 부강면 산수리

은적산 정기 품어 산수를 이루고, 한내천 유유히 굽이돌아 살기 좋은 산수리 마을을 엮었습니다.

이 고을에 김학순 선생의 자택은 좌청룡 우백호, 낮으막이 감싸안은 아늑한 터전에 부모님 모시고 아름다운 열매를 맺은 김채중, 김은중, 김화중, 김길중, 4형제는 샛별미 마을에 고운 무지개로 피어났습니다.

부창부수(夫唱婦隨), 선생의 사모 서영자 여사님도 현모양처시며 효부로서 귀감이 되었고 이웃을 내 몸과 같이 사랑하라는 그리스도의 가르침을 몸소 실천하시는 독실한 크리스천입니다.

존경하는 김학순 선생 72세 일기로 모든 것을 내려놓고 너무 빨리 가셨습니다. 보고 싶습니다. 사랑합니다. 괴로울 때나 즐거울 때 불현듯 달려가려다 아! 요단강 건너신 분 꿈엔들 잊으리오.

춘초(春草)는 연년록(年年綠)인데 왕손(王孫)은 귀불귀(歸不歸)라. 봄풀은 해마다 푸르른데 왕손은 돌아갔다 돌아오지 못하니 이제는 천국에서 다시 볼까!

사시사철 추억도 사연도 새로운데 이제 춘래불사춘(春來不似春)이라 지금은 나홀로 봄이 와도 봄같지 않습니다. 희노애락의 인연을 내려놓고 떠나가신 김학순 선생의 모습이 안타깝습니다.

일제 강점기 한국전쟁 아픔을 안고 지고 산업전선 초석을 놓은 큰 일꾼이며 피와 땀 눈물로 세상을 밝혔습니다.

초근목피(草根木皮) 어려운 시절 本人도 힘드신데 지나가는 행인일지라도 배 곯은 자에게 끼니를 내 주셨습니다.

선생께서는 수신제가 치국평천하란 말과 같이 먼저 형제간이나 자손에게 인성을 교육하며 우애, 화목, 효행이 근본이라며 지금은 유훈이 되었습니다.

부전자전 진리입니다. 4형제, 며느리, 손자손녀 언행은 꽃보다 아름답습니다.

김학순 선생!

은적산 상상봉에 횃불 되어 영원히 꺼지지 않는 불빛입니다. 존경합니다. 사랑합니다. 보고싶습니다.

하나님! 하찮은 저의 축원이오나 그의 영혼이 당신 안에 고이 쉬게 하소서. 이 세상에서 그가 지니고 떨쳤던 그 장한 의기와 행동력과 질박한 인간성과 이 고장 그가 남긴 크고 많은 공덕의 자취를 헤아리시고, 하나님 그지없이 자비로우신 하나님, 설령 그가 당신 뜻에 어긋난 잘못이 있거나 스스로 깨닫지 못한 허물이 있더라도 그가 앞장 서 애쓰며 흘린 땀과 그의 영혼이 당신 안에 길이 살게 하소서.

주님의 이름으로 기도합니다.

못 잊어

함께 하는
자리마다

정다운
웃음꽃

기쁨도
슬픔도

힘을 모아
손을 잡자.

더불어
살아가는 삶

햇살 맑게
웃는다.

정다웠던 그 사람 이제는
나혼자 사철 푸른 대나무 같은 우정

세종시 부강면 산수리 김학순 선생 추모사

바람도 자는 12월
가랑잎 길 산마루
햇빛도 고적한데
울음 터진 마음들
선생은
먼 길 가셨지만
가슴마다 남습니다.

삼라만상 세상살이
바른 행실 가르치신
72세 아쉬운 삶
복 받고 행복하여
선생이
걸어오신 길
등불처럼 환합니다.

달구지에 가난 실고
별빛 보며 달빛 밝혀
부지런한 근로정신
효도하는 그 마음
오로지
행복한 가정
남긴 언행 맑습니다.

사철 푸른 대나무 같아

스승과 제자

— 오당(吳堂) 이영래(李永來) 선생님

1936년 음력 3월 초 열흘
주먹에 꼭 쥔 지필묵
산수를 넘으신 선생님
평생을 문화예술로 몸 담아
승화시키시고 메마른 땅에 씨앗을 뿌렸습니다.

곳곳에 아름다운 향기를 품어
거칠은 땅 한밭 땅을 갈아
씨줄 날줄 어우러져
대전천 맑은 물 하늘 높은
무지개 평생에 선하심과 인자하심이
꺼지지 않는 성화처럼 활활 타오릅니다.

빙글빙글 도는 의자
립스틱 짙게 바르고
스승 제자 하나 되고
계족산 메아리 되어
붓 끝에 흐르는 물감
사계절을 토해냅니다.

한국 묵화회 제위께

고맙습니다. 고맙습니다.
세세연년 잊으리오
일심으로 도와서
상을 차려 주시고
한영필 말로서라도 천냥 빚을 갚습니다.

어둠 속 새벽을 헤치어
홰를 치는 정유년
첫 계명 대문을 활짝
오덕의 행운을 받으소서.(文武勇仁信)
뜨는 해 젊은이에게 박수하며 지는 해

30년 뿌리 깊은
오당 그루터기
인고의 세월을 건너
청춘을 불사른 터전
솟대는 중촌 하늘에 추억을 새김질 하네.

고맙습니다. 고마워요.
한국묵화회 여러분 존경합니다. 사랑합니다.

沃堂 박진현 화백

— 개인전을 헤아리며

개인전 13회는 아무나 하나.
험한 물결 돛을 달아 고군분투
항해 끝에 작은 섬 진도가 낳은
박진현 도민의 영광 영광의 축제
아리랑 쓰리랑 아라리가 났네.

외로운 섬 진도 학처럼 날아와
한밭들 한복판 둥지를 틀었다네.
오당 스승 문하 되어 그림자도 사모하네.
선후배 함께 가는 두터운 정분
아리아리랑 아라리가 났네.

나는 새도 떨어뜨린다는
막강한 권력자가 아니요
옥당의 화력으로 새를 떨어뜨려
꽃은 웃어도 소리를 듣지 못하나
옥당 사생화는 환호성으로 들썩인다.

한밭새가 서울로 날개를 달아
종횡무진 동에 번쩍 서에 번쩍
집안 일 모르쇠하는 내 서방님
알성급제 금의환향 쨍하고
해뜰 날 돌아온단다
아리랑 음음음 아라리가 났네.

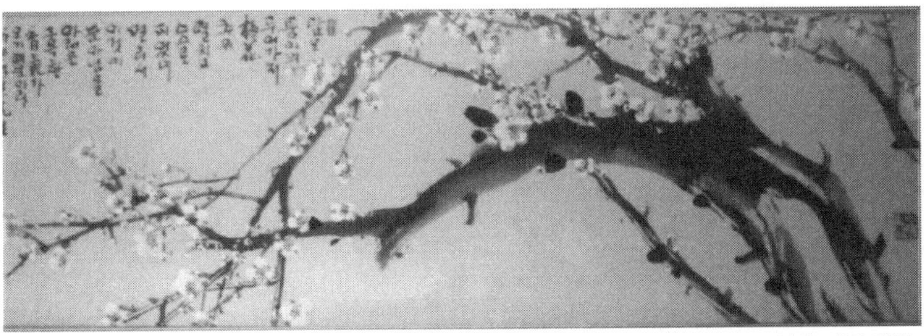

이사 기증 작품

〈옛날 전시 작품〉
현대문인회화 창립전 출품 한영필 作 소나무
1995년 5월 20~26일 MBC문화공간

시원 최광순 여사께 보내는 편지

엊그제 청초한 연둣빛
오늘 만추의 황금빛
별 하나 나 하나 별 둘 나 둘
광음성상 수놓아 9×9 80산수로세.
이성지합 금혼세월
행복 누린 동갑내기
복도 많지 뭐유.

그림도 그리시고
시, 화로 책을 내고
두 분 해로하시고
만복을 갖추었으니 또 더하여 무엇하리요.
뜨는 해 박수치고
우리는 지는 해라
식욕은 모래알이요
겨울밤은 만리장성
어찌어찌 하오리까.
정유년 수탉은
새벽을 열었습니다.
아프지 말고 내내 건강하시라요.

수통골

수통골 가을이 발갛게 영글어간다.
물줄기 수반에
피라미떼 노닐고
산새는
깃털을 갈고
노래만 열중이다.

묵향의 진한 인연이 그림자도 동색이다.
서른 해 아련한 세월
화선지에 뿌린 물감
스승은
제자 가슴에
꽃을 달아 마음 주고.

대둔 산방 주인

대둔산 하 산수 수려한 노른리에
살고 있으니 그의 이름은 신수자
호는 현초 그는 문인화에 입문하여
동양화 그리고 서양화 그뿐 아니라,
서예까지 붓대로 지휘하듯 문방사우 달인이다.

지금은 대둔산 산기슭에서 처녀
농군으로 이제는 붓 대신 호미가
지휘봉 되어 엎었다 재끼었다
블루베리 관중들은 빨갛게 까맣게
무르익은 박수갈채 푸르게
푸르게 산수화로 물들이는 현초.

거미손에 호미자루 귀티 나는 그 모습
건강관리 플러스 알파 블루베리
대박 터져 국민건강 지켜주소.

江林 孫昭子 女史 書畵展

작야몽중추사강림(降臨)
지, 필, 묵 연주하사
관광객 기립박수
환호성 깜짝 놀라

삼십년 공든 탑은
주야장천 하나니
세거에 인두백이요
산색은 고금동이라.

잠결에
비몽사몽이
샛별 江林이시네.

외롭다
절차 탁마는
나홀로 싸움이라.

삼천리 뿌린 물감
붓 끝을 세우나니
창검보다 강하고
막을 방패 없도다.

인생은
초로 물방울
예술은 영원하리.

살고 싶은 유성

— 임재만 구보편집위원, 시인, 수필가

유성의 새벽을 기원하면서
초지일관 초심을 환한 얼굴로
한밭들이 갈고 있다.

아름다운 유성을 가꾸기 위해
능동적으로 유성의 미래를 이끌어 가며
스스로 보람과 의욕을 가지고
한밭들 유성에 불을 지폈다.

여기 임재만 시인이며 구보편집위원
옥을 갈고 닦아 [유성 여자는 왜 예쁠까]
땅속에 묻힌 진주를 캐내어 그 빛을 발한다.

유성의 과거와 현재를 글로 그림으로
토해내는 것은 쉬운 일이 아니다.

아름답고 살고 싶은 유성의 미래를
더욱더 비전과 화합을 주민과 함께
가는 임재만 구보편집위원께 박수를 보냅니다.

유성

별빛이 내립니다.
해가 뜨고 달이 뜨고
유구한 역사 유성을 환하게 밝힙니다.
이제야
옥을 캐내어
그릇을 만듭니다.

유성자치 사람들 꽃보다 아름다워
유성 여자들은 왜 그렇게도 예쁠까
한마음
고운 숨결은
유성천 쌍무지개.

맑은 아침

— 重山에 떠오르는 햇살 趙泰洙 先生 忠清書道會 會長

처음 重山을 뵈올 때 仁慈하심과 號 그대로 重山입니다. 文學사랑 祝祭 때마다 珠玉과 같은 作品을 내주시고 너무 고마워 受賞者를 代身하여 感謝의 글을 드립니다.

나도 靜觀이란 作品을 받아 居室에 걸어 놓고 그 뜻에 되새김질 하지요. 初等學校 時節 特選 받은 作品「맑은 아침」이라구요? 나도 그 時節「정다운 내 동무」作品에 特選을 받았지요.

重山 先生은 機會로 五十年間 한우물을 文化藝術書道後學들을 길러내시니 本人도 榮光이요 경외를 받습니다.

헌 新聞紙에 처음 열개 쓰고 또 쓰고 나중에 진하게 덮어 쓰니 墨池가 되었겠네요.

나도 祖父께 千字文을 배우며 글씨를 익히기 위해 册床서랍에 조를 담아 한 자 쓰고 흔들어 지우고 또 쓰고 그때는 紙筆墨이 있나요. 祖父께서 쓰시던 몽당붓으로 粉板에 쓰고 물로 씻어내고 또 썼다오.

畵題라도 내 손으로 쓰려고 붓을 들었지만 재주가 메주라서 努力해도 안되네요.

우리는 어려운 때를 공감하지만 지금은 그 좋은 종이 一面만 사용하고 이면은 白紙니 세상 참 좋아졌네요.

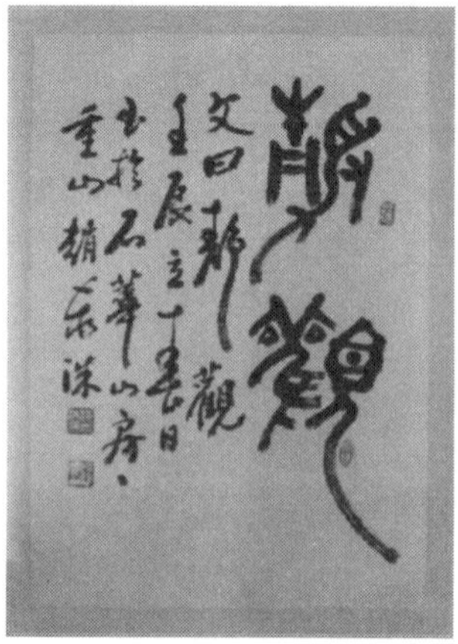

三寸이 삼아준 짚신을 신고 자갈길 新作路로 가노라면 뒤꿈치가 까지고 짚신이 바닥이 나면 벗어들고 걸었지요. 그때는 고무신도 귀했던 모양이지요? 다이야표 검정고무신, 흰 고무신은 외출용이고 女子 코빼기 고무신은 골동품이 되었지요. 없어져가고 잊혀져가는 옛것을 再現하고자 하나 쉬운 일은 아니지요. 몇 사람이나 실감 있게 읽을 수 있을까. 전서로 지나칠 것이겠지요.

重山에 떠오르는 햇살「맑은 아침」忠淸書道會가 빛납니다.

* 분판(粉板) : 분을 기름에 개어 널조각에 발라 절은 것을 글씨 연습에 사용.

1988년 집게발의 진화

따사로운 햇살 찔레꽃 질 무렵 산골 물 바위 틈에서 집게발을 내민다. 손 잡아주는 이 없지만 나와 보니 작은 돌 틈에서도 많은 집게발이 나와 열심히 발놀림을 한다. 아주 작은 집게발도 제법 뒷걸음 쳐 본능적으로 날쌔게 숨는다. 그 후로 집게발이 손으로 진화하여 우후죽순으로 성장한다. 사방서 등과하기 위하여 창, 검, 방패를 꺼내들고 작전상 침묵이 흐른다. 화살은 시위를 떠났다. 이제는 결과뿐이다. 장원은 누구일까.

기다리는 시간 기다리는 마음
하루가 여삼추다
앉았다 누웠다
좌불안석이다
와이프도 덩달아 몸이 단다.

여보 몇 시야 응 12시
다 틀렸다 낙방인가봐.
아니야 무소식이 희소식이야.

따르릉 전화벨 소리
입선입니다 특선이 아니라서.

아닙니다 대상보다 더 기쁩니다
처음 출품한 작품

이렇게 기다리고 좋을 수 없다
아마 다른 사람들도 처음 출품한
기다림 똑같을 거야.

민심

고개를 들라.
하늘을 보라.
민심은 천심
천심은 안다.
은하수로 세례 받고 개과천선하라.

고개 숙여
땅을 보라.

일렁이는 인심
이제는 참을 수 없어
이맘 저맘 하나 되어
홍수로 넘쳐 흐른다.

막을 수 없고 막아서도 안 된다..
잔잔한, 투명한 호수 사공을 기다린다.

참 좋으신 분

— 김동광 형님

나는 빚쟁이다. 채권 채무상 빚쟁이가 아니고 늘 잊지 못할 마음에 빚쟁이로 미안하고 감사하게 생각한다.

뙤약볕 여름날 비탈진 밤나무 밭 가시넝쿨 풀밭을 인정으로 헤쳐 나가고 가을이 오면 밤 수확을 위해 일꾼을 동반하여 힘을 보탰다. 평소에 농사일을 경험한 분도 아니고 아무 대가의 약속도 없이 무작정 도와준 것이다. 그의 아주머니는 만류하니, 나 혼자 출발하는 모습을 바라보는 그분 모습이 자동차 백미러에 안된 모양으로 서서 바라보니, 나도 그 분의 마음을 읽고 마음이 뭉클 감동이 된다. 근 30년이 되는 오늘날에도 고마워 가끔 전화하면 만나자 하지만 만날수록 빚만 더 지니 미안할 뿐이다.

내가 형님으로 모시지만 그분 마음도 변함없고 우리는 늘 변함없는 마음이고. 그 무렵 알고 지내던 모든 분들 30년 세월이 궁금하고 추억에 남을 뿐이다. 언제부터인가 예수를 믿고 두 내외분이 교회에 가신다니 반갑고 하나님의 축복이 영육 간 강건할 것입니다.

참 고마운 김동관 형님.

해송 선생에 대하여

해송 윤익선 선생은 2010년 국추절에 개인 전시를 한 바 행, 초, 예, 전 4체를 일당에 펼치니 그 얼마나 힘든 산고 끝에 옥동자를 출산했을까 지금도 감동입니다. 겸손하시고 남을 먼저 배려하니 壹行一佛을 몸소 행하시는 분, 그런 마음 있어 발표했던 祝詩를 재현해 봅니다.

인고의 세월을 건너
30여년 예술혼
강물이 유유하듯
흑과 백이 일체입니다.
장인의
손놀림으로
용사비등 살아납니다.

겸손한 마음으로
송산문하 들어가
붓 끝에 날개 달아
파죽지세 솟습니다.
옥석을
가려내듯이
일필휘지 빛납니다.

고희라 새로운 날에
해송 선생 지필묵

갑천에 무지개처럼
서기 또한 높습니다.
부처님
마음을 닮아
온 세상 밝힙니다.

정유년무제(丁酉年無題)

오늘날 세상도 희망이 보이지 않는다. 세상 어디를 보아도 희망이 보이지 않는다. 정치, 경제, 사회, 문화 따져보면 건전한 구석이 하나도 없다. 모든 사람들이 안녕하지 못하다. 평안이 없다. 옛날에 비하면 못사는 사람도 물질적으로 넉넉하지만 만족하는 사람이 없다. 그리고 많은 사람들이 병들어 살고 있다. 육체적 정신적으로 말이다.

국가나 사회가 편안할 날이 없으니 개인이 그렇다. 대통령은 탄핵을 받은 상태이고 조류독감으로 3,000만 마리 가금류가 매몰되고, 하구 많은 날 정치권의 부정부패를 막아본다고 시민들의 촛불집회는 계속되고, 국회청문회는 질문하는 사람이나 답변하는 사람이나 그 사람이 그 사람.

아닙니다. 기억이 안 납니다. 모르쇠로 유리한 대로 피해 나가려하니, 국민들은 답답하고 무식한 촌노들도 울화통이 터진다. 여야의 정쟁으로 시끄럽고 대통령 하겠다는 잡룡들은 어뎅이 끄뎅이 다 나서 꼴불견이다. 우리가 사는 세상 참 한심하고 편한 날이 없다.

가정적으로는 부부관계, 부자관계, 형제자매 사이, 사제관계, 노사관계, 이웃관계 좀 가졌다고 갑질 행태, 모두가 자기 방식으로 이기적으로 살기 때문이다. 2017년 벽두부터 안 좋은 말을 하지만 앞으로 2020년, 2030년 별 수 없다. 인간의 윤리, 도덕, 인간미는 금수불원이며, 인간의 머리로 짜낸 화학에너지, 물리적으로 돌아올 수 없는 용광로 속 그 자체일 것이다.

한심한 세상

언제부터 이렇게 되었나? 남을 위해 배려하는 마음이 손톱만큼도 없구나. 오로지 이기는 것을 목표로 무지막지하게 밀어붙이고, 공중도덕도 양심도 일방적으로 자기의 이익만을 추구하는구나.

텔레비전을 보면 재미있다고나 할까. 밀고 당기고 던지고 승자는 없다. 대표를 뽑아 보낸 사람들은 떼거지가 되었다. 가화만사성이라 했는데, 뒷덜미 잡기만 일삼고, 전 세계 관람객에게 부끄럽고 세상사가 걱정된다. 밖에서는 머리띠 두르고 팻말을 추켜들고 거리에 나와 잘났다고 외쳐대며 죽고 다치고 끌려가고, 보상하라 배상하라 사법처리하라! 생산은 중단되고 국력은 소모된다. 뭉쳐도 힘든 판에 해도 해도 너무 한다. 바른길은 비키고 골목으로 접어드니 어느 곳으로 갈 것인가. 험한 세상 한심한 나라, 억억하다 헉헉하지 말고 남들을 이롭게 하면 내가 잘 되고, 내 밥그릇 나누어 먹으면 서로가 잘 살 것을 대박을 꿈꾸다 자빠지면 119도 안 부른다.

텔레비전은 놀이판이다. 부정한 광고판이다. 처자식은 물어 빨고, 노인들은 물러나고, 4대강 개발하여 실업자를 줄인다고 일할 사람 어디 있나. 외국사람 불러들여 외환은행 될 것을 강 건너 불구경하다 허기져 죽을 이름이여, 하나님이 내려다보시고 있는 게 안 보이는지 기근과 질병, 불로 지구는 새 세상을 열 것이다.

이대로 좋아

이대로 편안한 마음 좋아, 내가 좀 힘들면 남들이 좋아하니까. 이런 것이 진짜 행복이다. 좀 손해 보는 듯하면 오히려 풍요롭고 만족하니까. 남들이 좋으면 나도 좋으니, 이것이 내 삶이겠지.

남들이 보고 멍청이 등신이라 하려나. 아니지, 내 천성이니 세상 끝이 나는 날까지, 태어난 대로 사는 거야.

돈 많아도 이상하게 사는 사람 불쌍해서 어떻게 하나. 80km 다 낡은 엔진 바람 빠진 바퀴 어쩔거나. 그러나 그 사람은 참 좋았어. 입에서 입으로 전해지면 죽어도 부끄럽지 않을 거야.

그렇지만 차 한 잔 못 사고 염낭이 비었으니, 사람치레 못하니, 천량 빚으로 갚아야지. 신세는 지더라도 손해 끼치지 말고 받은 은혜 잊지 말아야지. 태산같이 베풀고 싶은 마음 은덕으로 살면서, 문방사우 벗을 삼아 그림을 그리고 시를 배우고 활을 쏘며 멋스럽게 사니 백만장자가 부러울 건가.

국가와 사회에 감사하고, 모든 분들께 고마울 뿐, 그 은혜를 봉사로 하면서 만족할 줄 아는 삶을 살련다. 늘 감사하는 마음으로 입 버릇되어 인사말로 하리라.

세준이 아빠

— 2015년 3월 5일 7시 40분

리퍼터 대사님
미안합니다. 지켜주지 못해
한국 사랑하는 마음 참 고맙습니다.
한국 애정 굳건해 한미관계 깨질 수 없고
군사, 경제, 외교 변함없다! 참 감동입니다.

김치, 한국음식 언어 사람들과 친밀하니
둘째 아들도 한국에서 낳고 싶다. 삼계탕 같이 먹고
김치 먹어 힘이 난다. 같이 갑시다.

리퍼터 대사님 감사합니다.
하나님의 축복이 늘 함께하기를 기도합니다.
2015년 3월 5일 7시 40분 대사님 다시 탄생하셨습니다.

강강술래

활(國弓)

활은 인류역사가 시작하면서부터 생활수단으로 짐승을 사냥하고 외적을 방어하고 물리치는 무기로도 사용되었다. 삼국시대 삼한을 통일 하는데도, 임진란에도 활이 주 무기였다. 이순신 드라마에서도 주 무기는 활! 일본의 조총과 맞서 전승한 것도 역사를 통하여 알 수 있다. 이와 같이 활은 민족과 함께, 역사와 함께 나라를 지키고 국민을 지킨 국궁이었다.

동남아에서 우리 활은 질적으로나 기술면에서 으뜸이며 동호 사원 인구가 날로 늘어 명궁도 속출하고 있다. 남녀노소 누구나 수련할 수 있고 생활체육으로 널리 보급되며 젊은 층으로 증가되는 것은 매우 바람직한 일이다.

태권도가 우리나라가 종주국으로써 세계올림픽에 출전함과 같이 우리 국궁도 동남아를 시작으로 전 세계로 남녀 궁사를 파견하여 지도함으로 그들이 체험함으로써 급속도로 발전할 것이며, 국위선양에도 이바지할 것이다. 궁도협회는 물론이고 국가적으로도 물심양면으로 추진하여야 한다. 그러면 우리 국궁은 세계의 스포츠로 각광받을 것이다. 활은 체력단련은 물론 정신수양에도 으뜸가는 민족 유산이며 예와 도를 중요시하는 그리고 융화 단결하여 지역 사회 발전에도 크게 기여할 수 있는 원동력이 될 수 있다.

앞서도 말한 바와 같이 활은 남녀노소 누구나 수련할 수 있는 것은 노약자라도 맞춤형 활과 화살이 있어 한두 달만 연습하여도 145m의 거리의 과녁을 통과하여 관중할 수 있는 쾌감을 만끽할 수 있고 상대가 없어도 혼자서 할 수 있으며, 힘들거나 다칠 염려도 없고 특히 저렴한 비용으로 심신의 건강을 찾을 수 있고, 스트레스도 화살에 실려 날려 보낼 수 있으니, 활쏘기야 말로 최적의 취미생활이다.

지금은 전 국궁도장이 340여 곳, 궁도인구도 3만여 명이고, 활 제작소도 100여 곳, 각궁과 개량궁을 만드는데 질적으로나 기술면에서도 세계서 으뜸이다. 우리 인류는 원시 수렵시대부터 목궁을 사용해 왔는데 삼국시대 고구려에서부터 각궁을 발명해왔다. 자연 속에서 구할 수 있는 소재로 만들어졌으며 활은 진쟁 무기로도 호국강병을 양성하기 위해 활쏘기를 권장했지만 문무백관 지도층 계급인 선비들이 심신단련과 인격도야의 방편으로 되었다. 요즘 우리사회 골프를 즐기듯 옛 선비들은 활쏘기를 즐겼던 것이다.

우리 국궁을 동남아를 시작으로 사범을 파견하여 지도 육성함으로 태권도와 양궁같이 세계적인 스포츠로 발돋움 할 수 있도록 궁도협회와 국가에서 지원하고 육성하여 궁도인들이 더 많이 배출되어 아세안 게임을 개최하고 점차 세계 올림픽까지 할 수 있는 동남아 각국에 궁도 교실을 열어 궁도인을 양성할 필요가 있다.

최고의 활을 만드는 기술, 많은 궁도사범, 풍족한 자원을 활용 못하는 일들이 참으로 아쉽다. 우리 것은 소중한 것, 수출하여 국위선양에도 기여하도록 우리 모두는 뜻 모아 세계화가 되기를 우리 민족의 문화유산을 계승발전하기를 바란다.

최재학 先生께 보내는 편지

時下 丁酉年 菊秋之節에 崔先生 尊氣体一向萬康하시나이까?
大小間 두루두루 無故到日幸運을 祈願하나이다.

우리 만남은 우연이 아니고 나로서는 필연이지요. 崔선생은 글을 쓰고 師母님은 西洋화를 하신다고 당시 기억은 어사무사 하지만 아름다운 인연이지요. 옷깃을 스쳐도 인연이라 했는데 우리는 근 30년 문학으로 끈을 달아 『2월엔 이별이 있어야 한다』, 『나는 당신을 모릅니다』, 『내 고향 남면』, 『고향이 있어도 고향이 그립다』, 『잃어버린 섬』, 『문양목 선생 생애』 등등 귀한 문집을 받아 애독하며 그리웠는데 아마도 내가 먼저 오정동 신동아를 떠난 것 같습니다.

얼마 후 崔선생을 찾아 관리소에 문의한 결과 이사 가서 모른다 하고, 어느 풍문에 중리동 학교로 가셨다하여 찾아 갔으나 전근하여 모른다 하고, 늦은 퇴근 시간이라 선생들이 없어 더 이상 알 수 없고 희망을 접었는데 내가 그처럼 찾으려 한 것은 글을 쓰는데 자문을 받으려 했기 때문이지요.

문학사랑 응모 공고를 보고 10편을 내라 하였지만, 나는 시 30여 편을 어느 분 책상인가에 놓고 도망치듯 나왔지요. 부끄러워서입니다. 당선은 되었고 나중에 알고 보니 지금의 리헌석 회장님이었습니다. 리헌석 회장은 대전의 불모지에서 많은 시인을 배출하시고 전국적으로 그리고 외국과도 교류하시니 한국문학사에 뿌리 깊은 큰 거목이십니다. 시인은 아무나 되나? 어깨가 무거워져 문예대학에 들어가 공부를 했지요. 리헌석 회장은 수없이 많은 시인을 가슴에 품고 이름 한 분 한 분을 기억하시는 분입니다. 대전의 문학사랑은 전국의 문학사랑입니다.

오경숙 사모님의 표지그림

김영수 문예대학 학장님, 퇴근길에 우연찮게 崔재학 선생을 찾으려고 하는데 혹 아시나요? 아! 그 사람 날마다 만나는 걸. 뜻밖의 일입니다. 그처럼 만나려 했는데 20여 년간 소식을 몰랐는데 이산가족 상봉입니다.

그동안 崔선생은 문화예술 발전에 공로가 많으시고 고향이 있어도 고향이 그립다는 표지 글을 봐도 고향에 무언가 문화적으로 공헌하려는 애향심을 보게 됩니다.

선생은 바다가 보이는 언덕에 집을 짓고 정원을 꾸미고 텃밭을 가꾸며 옥호를 임수정(臨水亭) 현판을 걸어놓고 고향을 사랑하며 시구와 같이 살고 싶은 생각인가 봅니다.

아취시문호(雅趣詩文好) 고운 취미로 시문을 좋아하면서,
평생수일심(平生守一心) 평생을 이곳에서 한마음 지켰도다.
청포어유락(清浦魚遊樂) 청포 맑은 물에 물고기는 즐겨 놀고,
정전수자림(亭前水自臨) 정자 앞까지 물은 스스로 다가오는도다.

사람은 누구나 늙으면 고향에 살리라 동경합니다. 선생이 집을 마련한다면 옥호(屋号)를 청파제(聽波齊)로 지어 조각까지 하였으나 친우집에 걸어 주었다구요. 잘했습니다. 아파트나 오피스텔에 건다면 양복 입고 갓 쓴 격이지요.

한영필은 바다가 아닌 시내가 나를 보고 흐르는 남향에 그림 같은 집을 짓고 당호(堂号)를 율림산방(栗林山房)이라 짓고 여생을 살고 싶어 현판을 대형으로 그럴듯하게 조각하였습니다.

수심어극락(水深魚極樂) 물이 깊으매 고기가 즐거워하고
림무조지귀(林茂鳥遲歸) 수풀이 거칠매 새 더디 돌아가고
옥후청산요(屋後青山腰) 집 뒤엔 푸른 산이 둘렀고
문전벽수류(門前碧水流) 문 앞에 푸른 물이 흐른다.

그러나 율림산방 당호는 제자리를 정하지 못하고 소박한 꿈도 이루지 못하고 현판은 나와 같이 늙어 벽에 기대어 비바람에 시달리고 있답니다.

사람은 산수공(山水空) 흙냄새 좋은 고향을 그리워하며 거기서 살라 합니다. 그러나 나는 고향이 없습니다. 바람 부는 대로 굴러 머무는 것이 고향이고 타향입니다.

그러나 사람들은 여러 모임과 취미 생활을 쉽게 접할 수 있고 생활에 궁핍함이 없으니 현 위치를 벗어나지 못하고 또 많은 돈을 들여 호화 별장은 아니어도 나의 만족에 미치지 못하니 지족자족을 도인이 아니고서야 마음을 비울 수 있나요.

옛날에는 배가 고파 뱀을 잡아 먹었지만 지금은 정력에 좋다고 뱀탕을 먹지요. 어느 쪽이 더 강하고 부자일까요. 산기슭에 귀틀집을 짓고 흙냄새 풍기고 아니면 컨테이너 박스 구입하여 바닥에 놓고 위에 올려놓으면 2층이 되고 그리고 당호를 걸면 그 가운데 성취감을 느끼겠지만 돌 한 덩이라도 돈을 들여야 내 것으로 만족한다면, 그것도 허욕이지요.

고개를 들어 앞을 보면 4대강이 내 것이고, 뒤를 보면 백두대간 산천초목이 다 내 것이거늘 대자연을 만끽하는데 김영란법에 걸리는가. 귀틀집이나 컨테이너 박스 안에 당호를 걸고 그 안에 사는 사람이 누군가에 따라 평가되겠지만 귀틀집 당호는 곰팡이 냄새가 날 수도 있지요.

아홉 살 어린나이에 아버지를 여의는 마음은 어떠했을까.

어머님은 하늘이 무너지는 심정이었겠지요. 어머님은 노래를 좋아하셨나요. 아닙니다. 노랫말을 바꾸어 보세요. 이제 불효자는 웁니다가 내 노래가 되었지요. 눈물이 나고 가슴이 메어지지요.

내가 아홉 살 때인가 봅니다. 왜정시대 일본 강제노역으로 목탄 화물차에 올라타시는 모습을 마지막으로 봤습니다. 철이 없었던지 아무 감정이 없었지요. 그때 어머니 나이가 29세였지요. 평양서 강원도 아무 연고도 없고 긴 보행길 너무 지쳐서 홍천에 주저앉아 살 길이 막연한데 일본 놈들은 부엌 살림살이 숟가락까지 빼어 갔지요.

곡식 한 톨 없으니 봄이면 묵밭과 산기슭을 뒤지면서 나물을 뜯으며 무릇이나 둥굴레를 캐어 가마솥에 넣고 푹 고면 범벅이 되지요. 그것으로 끼니를 때우고 산천에 나는 먹을 수 있는 것은 무엇이든 뜯어와 소금 한가지로 목숨을 이어나가니 식구들은 퉁퉁 부어 부황이 나지요. 쑥을 뜯어 메밀가루나 호밀가루를 섞어 먹었으니 쑥은 고마운 식품이었지요. 지금은 맛으로 먹지만…. 그리고 늠름히 자란 조선 소나무(적송)를 베어 넘어뜨리고 껍질을 벗겨 불 땐 재에 푹 삶아 돌판에 방망이로 찌어 흐느적하게 되면 낟알가루를 섞어 죽을 쑤어 먹으면 똥을 못 누어 뒷간에서 할머니를 부르며 울면, 할머니는 나무 꼬챙이로 똥구멍을 파내주면, 나는 손등으로 눈물을 닦고 할머니는 속울음을 삼키지요.

감자 싹을 캐보면 밤톨만하고 옥수수를 비집어 보면 물퉁이고 밭둑에 돼지감자도 남아나지 않았지요.

어머님은 낫 놓고 ㄱ자도 모릅니다. 홀로 시부모 모시고 두 남매 키워주시고 밭일을 하고 도리깨질을 하며 겨울에는 삼을 삼고 실을 자아 길쌈을 하며 고생고생하시여 남에게 손가락질 안 받으며 모든 것 참아주시고 곱게곱게 살아주신 어머니, 세상에서 제일 훌륭하다 하였는데 불효자입니다.

내가 부를 노래는 칠갑산이지요. 마음이 아픕니다. 눈물이 납니다.
아버지는 끝내 돌아오지 못했습니다.

뱀을 잡아 먹고 쥐를 잡아먹고 매미, 잠자리 등등 끓여먹고 구워 먹었으니 그것들이 단백질 보충이 되었나 봐요. 지금 시대가 더 걱정되네요. 일제강점기 한국전쟁 8~90대 늙은이들 삶 일일이 열거할 수 없네요.

선생님 진지 잡수셨어유?

2017년 우수절

* 귀틀집 : 井字로 쌓아 올려 그 틈새를 흙으로 막음. 화전민들이 산속에서 거주.

제 2 장

가족 친척들 서로 사랑하라

爲善者는 天報之以福

— 착하게 산 사람 하늘이 복을 주신다

한영진은 1973년 강원도 홍천 서석에서 태어나 부모님과 함께 6.25를 겪는다. 아랫마을에 폭격을 하면 검은 연기가 치솟고 집이 불탄다. 마치 강도 높은 지진이 일어난 듯 집이 흔들리고 문짝이 떨어져 나간다. 그때 한영진 나이는 6세. 숙부는 방에서 뛰쳐나와 4촌을 안고 좀 떨어진 디딜방앗간으로 피신한다. 우리는 철부지로 어른들은 죽느냐 사느냐 얼마나 놀랬을까.

애지중지 첫 아들 하나 쥐를 잡아 구워 먹이고 개구리를 잡아 뒷다리를 구워 먹여 영양을 보충하기보다는 먹을 것이 궁하기 때문이다. 인민군들은 밥을 달라고 먹을 것을 내놓으라고 협박하고 무차별 남자들을 잡아 실탄 짐, 밥 짐을 지워 고지로 올려 보낸다.

숙부는 발목을 자해하여 모면했지만 전염병까지 들려 끝내 사망한다. 너만은 살아야 한다. 죽으면 안 돼 하며 안고 뛰던 숙부가 운명을 하니 아들 나이는 6세 내 나이는 열한 살.

아버지는 징용으로 끌려가고 일제와 한국전쟁으로 기둥은 꺾이고 악몽 같은 현실 더 이상 그곳서 살 수 없어 충북 청원으로 이사한다.

오나가나 빈곤은 마찬가지 숙모는 재가를 하고 4촌은 고아가 된다. 조부님 슬하에 나와 같이 살게 된다. 원체 심성이 착한지라 어른들 말씀 잘 듣고 나와도 싫은 소리 한 번도 안하였다. 모든 역경 속에서도 세월은 흐르고 4촌은 결혼을 하게 된다.

조실부모하니 부모 없는 빈자리 결혼이란 희로애락이 교차하는 그 마음 어떠했을까. 규수는 이용숙, 좋은 신부를 맞이하니 하나님의 축복인 것이다.

오막살이 집 한 칸도 변변치 않으나 두 사람은 열심히 농사일을 하며 삼남매를 두게 된다. 현 생활로는 희망이 없다 여기고 적수공권으로 청주로 나오게 된다.

포장마차로 공사판으로 전전하며 고생 끝에 낙이 있다고 하나님도 돕는 자를 스스로 돕는다고 삼남매가 잘 자라 성장하여 모두 다 공직생활을 하고 손자손녀 성장하고 의식주가 충만하니, 또한 효자효부로 칭송이 자자하니, 지난날 고생은 눈 녹듯이 사라지고 더 바랄 것이 없고, 행복 시작이고 고생 끝이니, 이는 주부로서 엄마로서 아내로서 모든 어려움을 극복하고 앞만 보고 달려왔으니, 하나님도 어여삐 여겨 복을 주시니, 범사에 감사하고 항상 기도하며 동기간에도 우애 있으니, 집집마다 축복 충만하기를 모두는 기도한다.

한영진, 이용숙의 子女 창우, 창민, 창미
손녀 승현, 수연, 손자 해성, 손녀 해리, 외손 조은성

자식은 속으로 귀하고
겉으로는 엄하게 하라.

자식을 사랑하거든 매를 주고
미운 자식 떡 한 개 더 준다.

사촌의 자부와 손자

가련한 인생 영희야(여동생)

초로인생이라던가. 덧없는 인생 칠십 고래희라고 하지만, 백세시대라고 하는 현 시대 70은 넘겨 살았으나 가련하고 불쌍하구나. 홍천 서석에서 태어난 한영희, 너는 2살 때 아버지가 왜정시대 노무자로 잡혀가 아버지 얼굴조차 모르고 자랐으니, 아버지란 남의 말이고 나 또한 7살이었지만 아버지라고 불러본 기억이 없다. 아버지라기보다 손님이었다. 지금 아버지들은 친구같이 놀아주고 다정했지만 그때 아버지는 어려운 존재였다.

그 시절 모두가 어려워 어른들도 일거리가 없고 아낙네들은 나물을 뜯고 풀뿌리 송기껍질을 벗겨 먹던 시절을 생각하며 겨울 찬바람에 문풍지가 울고 방안 사발물이 얼고 산에 나무도 귀해 몇 십 리 걸어서 나무를 해 오던 때를 생각하면 지금 우리는 너무나 잘 살아 오히려 만족할 줄을 모른다.

산해수륙진미(山海水陸珍味) 맛 따라 찾아다니고 의식주(衣食住)가 호화로운 삶인데 너무 일찍 하늘나라 부름 받았으니 불쌍하다는 말이다.

못난 오라비는 따뜻한 말 한마디 할 줄 모르고 지금 생각하면 가슴이 미어지고 슬픔이 몰려와 울적한 마음 그지없구나. 모두가 다 후회뿐이다.

시집 잘 가 좋은 남편 만났고, 슬하에 6남매를 두어 공직생활, 자영업 모두 다 잘 살고 손주손녀 많이 두어 행복한 여생인데 가련한 팔자 모두에 한을 남기고 떠났구나. 오라비는 한과 슬픔만이 마음을 적신다.

너는 알고 있지. 효자효부효녀 철 따라 기회 따라 아버지 모시고 너를 보러간다. 현대판 효녀 심청이다.

집에 일일랑 아무 걱정 말고 편히 영면하여라.

요새 세상 생존한 부모도 돌보지 않는데 너는 복이 많구나. 아마도 네 아들 박주형! 동기간 우애, 형제자매 잘 이끌어 주며 사업체 대표로도 리더가 되어 크게 성공, 잘 운영하니 동기간에도 부러움의 대상이다. 축하하고 잘 보살펴 주어라.

여동생이 담겨있는 사진

한씨 명문가의 딸

— 한영남

시조 란(蘭)은 청주 방정리에 세거하였음으로 후손들은 청주를 본관으로 세계(世系)를 이루었다. 청주시로 승격하기 전에는 청원군 남이면 방정리 방정부락, 일명 대머리로 칭호하며 대머리 한씨라고 한다. 사람들이 성씨를 물어 청주한씨라 대답하면 응 대머리 한씨구먼 하면서 청주한씨가 양반이지 한다. 지금이야 양반이 따로 없지만.

방정리는 청주서 남방으로 약 10리 정도에 무농정이 있는 곳이고, 앞들을 향하여 정자를 세우고 농경의 정책을 강구하심으로 정호를 무농정이라 하였다. 몸소 농사를 지으시어 만석 거부가 되었고 적덕적선을 하시면서 백성들을 존경하며 국태민안(國泰民安)을 늘 염두에 두셨다.

고려 태조가 후백제 견훤을 정벌할 때 그 행군이 문 앞에 이르러 10만 대병력이 기아에 기진맥진하니 곡간 창고 문을 열어 배불리 먹이고 군량미로 풀어 장검을 들고 종군하며 용맹을 떨쳐 백제를 토벌하고 신라를 항복받아 삼한을 통합하는 공을 세워 개국벽산 공신으로 삼중대광 태위에 올랐으며 이 분이 바로 한씨의 시조 란이시다.

특히 고려와 조선 전반기에서 세력을 떨쳤으며 매년 제를 올려 10월 초하루 전국 한씨가 다 모여 조상의 은덕을 기리며 자손 만세영을 기원하며 한씨 일가 간 친목을 돈독히 한다.(시조 묘는 청원군 남일면 방산리에 모셨다.)

왕정의 대업을 이루며 조정의 벼슬길에 고관대작을 대대손손 이루었다.

한씨를 명문세족의 반석 위에 올려놓는데 역할을 한 한명회는 슬하에 아들 보(堡)와 딸 넷이 있었는데 세종 부마의 며느리가 되고, 신숙주 집안에 며느리 되고, 셋째 넷째는 왕비가 되어, 왕실을 배경으로 정치적 사건은 한씨의 입김이 닿지 않은 예가 드물다.

세조태위 부군 이후 千여 년에 후손이 번창하여 천성만본 중에 으뜸이다. 청주에는 상당공원이 있고 상당산성이 있으니 청주의 옛 지명이 상당이고, 우량이란 분이 상당에 거주하여 국호를 따라 한씨라고 하고 칠세 원왕이 아들 삼형제 두었으니 우평, 우성, 우량이다. 막내 우량이 청주에 거주하여 청주한씨이다.

한영남은 청주 한씨 32세 손으로서 수천 년 역사의 화려한 업적을 글로나 말로 다 표현할 수 없이 한씨의 원 뿌리 한 가닥이라도 알게 되어 감사하며 자부심을 가지게 되었다.

한석봉

조선의 서예가 한경홍 호는 석봉
떡장수 어머니 불을 끄고 떡을 썬다.
석봉 지, 필, 묵 술 취한 갈짓자 걸음.

어머니 떡은 일자로 균일 합합하고
아들의 서체는 之자로 어머님 전 상서.

어머니의 격려로 다시 정진하여
해, 행, 초 동양에 으뜸 석봉의 필체.

한영남

한영남 호는 청계 한씨 명문가의 딸
몸과 마음 아름다워 사회봉사 하는도다.
문화 예술 탁월하니 누구를 닮았는가?

다재다능 다방면 다채롭게
활약하니 예술단체 빛나도다.

한씨 가문에 자랑이며 영광이어라.
적덕적선하여 은의를 광시하고

여래의 진실한 뜻이니
신불이 베풀어 가호 있도다.

* 晴溪 韓令男 : 제15회 대한민국서도대전 소암(素巖) 대상, 충청서도 대상, 대한민국미술대전(문인화) 초대작가, 대전광역시 미술대전 초대작가, 대전광역시 서예대전 초대작가, 대한민국 여성미술대전 초대작가, 안견미술대전 초대작가, 충청서도대전 초대작가, (현)대미협 이사 운영위원, 한남대학교 대학원 석사, 학위청구 작품전.

한영남 홍매작

朴者燮님 賞

편모슬하 엄한 모친, 때로는 인자하시고 사리가 분명하신 어머님은 자식의 언행이 부도덕하여 혹 잘못될까 노심초사 마음에 회초리를 늘 들었다.

약관의 나이에 가장 아닌 가장이었고 광작은 아니었지만 일군을 두고 일 시켜먹기도 쉬운 일은 아니었다. 모범청년으로 마을 일에도 솔선수범하고 상부상조 청년들과 체력단련으로 태권도 수련도 하며 탁구도 배우며 가르치며 또 학문도 게을리 하지 않았다. 그러므로 이웃 혼인을 하고 득남득녀 하여 살다 농촌을 떠나 청주로 이사하게 된다.

가장으로서 여러 남매 양육과 교육에 힘쓰게 된다. 학교 교육도 중요시하지만 그는 가정교육으로 유교적 학문으로 인성교육에 사람 됨됨을 가르친다.

> 嚴父는 出孝子하고 (엄한 아버지는 효자를 길러내고)
> 嚴母는 出孝女니라 (엄한 어머니는 효녀를 길러낸다.)
>
> 多與奉 (자식을 사랑하거든 매를 주어 가르치고)
> 多與食 (자식을 미워하거든 먹을 것을 많이 주어 달랜다.)
>
> 子孝에 雙親樂 (자식이 효도하매 어버이가 즐겁고)
> 家和에 萬事成 (집안이 화목하니 만사 대통이라.)

그의 철학이 그러하니 孝子孝女 길러내고 배필 또한 득배하니 교육자, 공무원, 자영업, 사업가 등등 승승장구하고 손자손녀에 코미디 할아버지 一笑一少 웃음꽃이 피니 노년이 즐겁고 희수 나이에 탁구 선수로 많은 메달을 획득하고 牛岩山下에 교천정사 터를 잡아 친지들이 뭇사람들의 부러움의 대상이다.

그 자손들은 부친이 건강하여 어머니의 몫까지 천수(天壽) 누리시기를 기도한다.

내 동생 한영희는 승천했지만, 반쪽은 한씨의 피가 흐르니 박주형, 가정, 인정, 희정, 세형 아름다운 모습들, 외삼촌이 불러보는 이름이여 사랑한다. 행복하여라.

네알 카 마트 박주형 사장

하늘과 땅 사이 대덕 좌구산 서기 품어 안아 옥천수 샘 줄기 발원으로 골짜기마다 생명수 합수하여 압실 마을 앞으로 물길을 터 여기 마을이 생기니 구암(九岩) 또는 압실(鴨室)이다.

이 고장 작은 거인(巨人)이 탄생, 바로 네알 카 마트 박주형 사장이다. 실개천이 흘러 청천내(淸川) 금강으로 합류하니 용이 물살을 가른다. 개천에서 용 난다는 말, 작은 것에서부터 크게 된다는 말이 현실에 나타났다.

작은 마을에서 태어나 부모의 사업을 계승 받은 것도 아니고 동분서주, 무에서 유를 끌어낸 장본인이다. 하면 된다는 신념으로 고진감래한 결과의 소산이다.

물론 부모님의 버팀목이 있었겠지만 본인의 의지와 배짱이 없어도 큰 그릇을 만들 수 없다. 대기만성을 이루었지만 시작은 지금부터 초심을 잃지 말아야 한다.

돌다리도 두들겨 가며 걸어야. 한길 마음속은 알 수 없고, 자만하지 말고 겸손하며, 올챙이적 생각하고 절약 검소해야, 과욕은 금물이다.

경험을 바탕으로 신용을 자본으로 아랫사람을 사랑으로 일로 매진하여 금자탑을 쌓아올려 하늘 높이 빛날 것이다.

이전 확장 사업장을 돌아보고
— 네알 카 마트 박주형 사장을 축하하며

우암산 동녘에 타오르는 힘찬 태양
까치가 희소식을 알리는 청초한 아침
상당산성 상당을 수호하니 유서 깊은
이 고장 용암골 터를 잡아 명암약수
옥천 맑은 물 건강을 지켜주어
천세 만세 자손만세영 소지황금출 개문만복래라.

천리 길도 한걸음부터 대도에 다다르니
이제 성큼성큼 대로행이라 서원구 미평동
여기「네알 카 마트」자동차 부품 백화점
불개미 성을 쌓아 차고 넘치는 고객 손님
상당서원 하늘 높이 펄럭이는 깃발
연년익수 부익부 박주형 사장 창대하리라.

* 상당 : 청주의 옛 지명

두 사람 힘 모아 꾸준히

아이플러스 대표 김영만

뒷산에 서기 뭉쳐 내려와 머문 곳
문 앞에 미원천이 굽이돌아 감싸고
조용한 아침햇살 쌀안 청원군 미원
여기에 아이플러스
김영만 사장이 태어났다.

하늘 높은 꿈꾸는 지학의 나이
간절한 그리움 떠나신 한이여
감자싹 주렁주렁 오리무중이어라
고난의 세월 엮어 발을 쳤다.

약속하고 실천하는 모습
마음의 향기 그리고 물질을
나누는 그 마음 예수라 석가여래라
동기간 의지하며 사랑하라.

적수공권 타향 서울 꿈을 펼친
40여 성상 희로애락 고군분투
형설지공 탑을 쌓아 시작은 미약하나
장래는 창대하리 행복영락
손 모아 빈다. 사랑하고 존경한다.

죽림과 같이 사철 청초하기를…

모자(母子)

오마니 어케 살가시오?
언젠가 꼭 만날끼야.
내래 아바지라 한 번도
불러보지 못해시오.
깃땅거
말하지 말라.
울지말라 울끼가?

대추나무 사랑 걸렸네

— 9월 3일

호암리 이장 부인의 생일날이었다. 남편과 자식들이 생일날을 잊고 지나는 판국이었다. 아침부터 부인은 시무룩한 표정을 하고 있었지만 남편은 오히려 부인의 불편한 표정을 탓하며 심부름을 시키고 꾸중을 한다. 부인은 반항적으로 나가며 누워서 자기의 생일을 아무도 생각 못하고 미역국은커녕 하루를 굶고 끝내는 마을 구판장서 소주를 마시게 된다. 그러나 그 가정이 문제의 가정은 아니고 많은 식구들 중 한 사람도 기억하지 못한 것이 화근이었다.

그런가하면 과수원집에는 덕보 노인의 친구가 찾아와, 덕보 노인에게 어제가 내 생일인데 어느 자식놈 하나 찾아오지 않고 나 혼자 라면을 끓여먹었지만, 이런 때 자식놈의 목소리라도 들어보려고 전화기 옆을 떠나지 않고 기다렸지만, 전화도 없다며 노여운 마음을 덕보 친구에게 토로하였고, 독거노인은 눈물을 글썽이며 자기의 처지를 슬퍼하였다.

덕행

선행의 덕은 부귀가
당장, 아니 와도

재앙은 점점 물러나고
자손 창생 아니 올까.

그 진리 지키며 살아
하늘 문을 세우자.

스토리가 진행하는 동안 이장은 자기부인의 생일임을 알고 식구들은 한밤에 케이크를 준비하여 촛불을 밝히고 진심으로 미안함을 빌며 끝이 났다. 우연도 이럴 수가 9월 3일, Y는 이런 장면을 통하여 오늘날의 현실임을 실감하며 Y도 뒷목이 당기도록 슬펐다.

천륜의 인연마저 멀어져 가는 이때 가진 것이 많아야 좋은 부모 대접받는 사회인이 된다. 황금만능주의가 그릇된 사회악을 만들고, 이른바 바르게 살라 정직하게 살라 남을 먼저 배려하라, 이렇게 살았다간 무능하고 손해 보는 현 사회이며, 내 이익을 구하기 위해서는 불의와 타협하고, 그것이 폭력일지라도 많은 것을 소유하는 것이 양반인 세상이다.

남을 먼저 생각하고 정도를 걸어왔다고 생각하는 자는 인정받지 못하고 낙오되는 듯하다.

상장을 바치면서
— 어머님 전

사래 긴 밭 한 평생
고독을 부수고서
망부석 이름 석자
옆자리가 비었네요.

5지구
2-4-2-445 A22호 독고로 쉬세요.

* 청원군 가덕공원묘지에 안장

상장을 바치면서
— 아버님 전

긴 목을 빼어들고
기다리던 아픈 마음
바다 건너
홀씨 날리며
강점기에 울던 부정

눈물로
아버님 전에 상장을 띄웁니다.

* 일제 강점기 징용 간 아버지 생사를 모름.

다송(多松)

겨울 산 찬바람도
외롭게 이겨내고

한결 같은 자세로
처음 가진 마음들

소나무
벼랑 끝에서
설한풍을 이긴다.

군자의 기상으로
푸른 손짓 힘을 얻고

바람에 땀 식히며
마주보던 귀한 인연

덕 쌓은
소나무들이
천년 세월 나눈다.

작가증서
초대작가
성 명
귀하는 본 지부가 주최하는 충청북도
서예대전운영규정에 따라 초대작가로
선정되었기에 이 증서를 드립니다.
한국서예협회 충청북도지부
지 부 장

상장을 바치면서

— 할머님 전

가는 허리 추스르며
손자가 최고라 하시더니
제전에 할미꽃
흰 머리 당신 모습

둥굴레
이팝 알갱이
눈물처럼 달렸네요.

눈 감으면 보이는
울할머니 울엄마

눈물 없이 울고 있었지
힘들었던 그 시절

나 또한
회한의 가슴
소리 없이 울고 있다.

상장을 바치면서

— 할아버님 전

천시현황 꼭꼭 짚어
천자문을 깨우치셨네.
봉분 앞 잔디 위에
한 소절 시를 올려

옷깃을
단정히 여미고
머리를 조아립니다.

금혼식

— 1965년 2월 27일 / 2015년 2월 27일

시집 오고 장가 가는 날 1965년 음력 2월 27일 이날로부터 어언간 50년이 되었네. 남남으로 서로 만나 50년을 해로 한다는 것도 쉬운 일은 아닌가 보다.

괴산 청안 칠보산 영을 넘어 청천강 굽이돌아 청원 미원 좌구산 계곡 발원으로 압실 실개천이 흘러 서로 합수하여 함께 가니 가시덤불 속으로 해쳐나가고 바위에 부닥쳐 피해가고 물웅덩이 소용 돌아 때로는 험한 파도 물결에 휩싸여 인생행로 한세상 살아가는 시련이다.

사랑과 미움을 버무려 아침에 사랑의 맹세 저녁에 뉘우침 반성하고 회개하며 그런 대로 한세상 살아오는 동안 어느새 내 나이 팔순이고 결혼 50년 금혼이라니 생각도 못 했네. 금혼식이라 하여 사람들은 특별한 행사를 하며 의미 있게 보낸다. 현시대에 살지만 결혼 50년이 어느 날이었는지 모든 환경이 갖추어져 있지 않기 때문에 잊고 지냈다.

사람들은 살면서 결혼기념일 이라며 꽃다발을 주고 선물을 하며 사랑한다고 즐겁게 보내지만 우리 나이 때 촌에서는 생각도 못했다.

50년 사는 동안 파란곡절이 많았지만 내 나이 환갑 전에 시집장가 다 보내고 아들 딸 4남매 대학졸업도 다 마치었으니 환란 중 다행이었다고 생각된다. 지금 생각하면 언제 입학하고 졸업하고 중 · 고등학교 대학시절인데 불우한 환경 속에서 이탈하지 않고 잘 자라온 아이들에 고맙다고 생각하며 아버지로서 버팀목이 못되고 등록금 한 번 못 들려주고 아이들과 외식 한번 못하고 사랑표시 한번 못했으니 너무 바빠서일까? 한번은 아들과 목욕탕에 갔다 왔는데 세수를 안 시키고 왔다. 아마도 바쁜 생활 속 강박관념에서가 아닐까 생각한다.

대형마트를 하며 너무 바빴고, 점포에 인접한 주택을 매입하고 세렉스 자동차를 구입하고 포드 영업용 택시를 사서 3:7로 임대하고 금시졸부가 되는 듯 했다. 그러는 동안 이웃에 대동직물 공장 대지 1,000평과 공장 건물을 매입하니 이때부터 과욕이요, 이 부동산을 어떻게 해야 대박을 터뜨릴까 고심 끝에 연립주택 3동 50세대를 건축하기 시작한다. 그때부터 배는 기울어지기 시작하고 있다. 구조를 요청할 수도 없고 배는 침몰한다. 건설현장도 멈추고 마트점포, 가옥 등 경매로 넘어가고 패가망신하게 된다.

3년 동안 태풍이 불어 닥치고 모든 것이 파산되고 마누라는 밑바닥에서 구사일생으로 부동산을 한다. 어머니 고부간 의합하지 않아 집을 나가 시골로 들어가시고 나 또한 부인과 함께 하기 싫어 현실도피라 할까 정처 없이 떠돌아다니다 대청호 주변 회남에 전답 간 만평을 매입하여 밤나무 농장을 조성하였다. 그리고 팔년 만에 또 떠나 15년간 별거하며 문화예술 학원서 수련하며 각종 공모전에 수상하며 작가가 되고 시조시인, 아동시조에도 등단하여 신인작품상을 받게 된다. 기쁜 일 있으면 사람들은 이 영광을 부인께 돌린다며 감사한다지만 나는 그렇지 않았다. 고군분투할 때 동호인들이 추진하고 도와주어서 고마움을 잊지 않는다.

내 살아온 길이 몇 만 리나 될까. 이사는 스물여덟번이나 옮기고 인생은 드라마, 나는 주인공이고 조역 배우는 하나도 없다.

평양서 강원도, 강원도서 충청도로 해방과 한국전쟁으로 부친과 숙부 다 잃고 조부모 슬하에 살다 이제는 혈육이라곤 4촌 한 사람만 남아 있다.

제2세로 조카들 생질들 내종형제들 있지만 나 사는 동안 가끔 연락하니 피는 물보다 진하다는 이야기다. 그리고 모두 다 잘 살으니 좋고 나는 지는 해 조카들은 떠오르는 해 서광이 빛나기를 기원할 뿐이다.

나는 외아들 손자도 없이 손녀 하나 서울대학 재학 중이니 자랑이다.

외손자 손녀는 여러 명이니 그들로 만족해야지 잘 되기를 바랄 뿐이다.

이제 팔순 나이에 지난날을 회고하건대 정신적 육체적 다 낡아빠져 나이는 못 속인다는 말일까. 전보다 글쓰기가 여간 힘든 게 아니네.

금혼 50년을 뒤돌아보다 보니 결혼 풍속 100년을 내 나름대로 열거하게 되네. 아버지의 아버지 때는 맞선이란 없고 부모들이 정하면 첫날밤이라야 서로 얼굴을 본다는 얘기다. 어렵게 사는 때라 입이라도 던다고 밥술이나 먹는 집으로 보내고 딸을 팔아먹는 수도 있다. 민며느리라고 어린 딸을 보내고 또 맞아 일도 시키고 그 곳서 자라 나이가 들면 혼례를 이룬다. 이 또한 중매쟁이가 가교 역할을 한다. 그때는 모두가 어렵게 살아 밥술이나 먹는 다면 쉽게 혼인이 된다. 중매쟁이는 거짓말을 해야 성사를 하니 색싯집에 가서 신랑 집이 어찌나 잘 사는지 벽에는 청룡황룡이 그려져 있고 방에 자리를 열두 잎이나 깔고 토방에는 벼 가마니가 쌓여있다 하니 색싯집에서 혹하고 승낙을 한다.

시집을 보내고 나니 서까래는 나팔을 불고 청룡황룡은 지붕이 새 빗물이 벽으로 흐른 흔적이고 토방에 벼 가마니는 왕겨 가마니고 방바닥은 자리가 없어 조각조각 이어 깔고 똥구멍이 째지게 가난한 집이더라. 빼도 박도 못하고 조강지처로 가난 속에 살아야 하며 조강지처 불하당이라 하여 조강지처를 존중하고 대우를 해준다. 또 가빈억현처라 집이 가난하면 어진 처를 생각하라는 말이다.

지금이야 연애하여 결혼하니 속거나 말거나 결혼하여 잘사는 커플도 많지만 툭하면 이혼하여 조강지처는 낯선 말이다.

지금부터 100년 전 결혼 문화는 남녀가 100% 결혼하고 나이는 20세

전후이고 다자녀로 6~7명이 보통이고 학력은 무학이 대부분이다. 그와 반대로 2017년 결혼률은 70%이고 나이는 30세 이상이고 자녀는 1명 내외로 출산하고 학력은 대졸이 보통이고 출산율 세계 하위다.

우리 때만 해도 교제상 높게하여 촛불 밝히고 신랑신부 술잔 오고가며 재배 삼배 예를 마치면 우인대표라 하여 축사를 낭독한다. 이성지합, 동심일체, 동고동락, 일편단심, 효당갈력, 조강지처, 만담사연으로 축사를 하며 20대 때 단골메뉴로 초대 받았다.

결혼문화 백년사를 금혼에 대한 의미와 신 · 구 결혼에 대하여 생각하며 회고해 보았다.

자식이 뭐길래

내 이름 경아 아버지
당신 이름 경아 엄마
우리 선물 첫 딸이
만들어준 그 이름

하나가
먼저 간다면
없어질 이름이여.

초등학교 입학 날
사랑목장 소풍날
가을운동회 하는 날
내가 더 설레었지.

부모간
지척이 천리
모두 다 내 탓이다.

마음 아파 속상하니
눈물로 토해내고
측은한 자식생각
부모마음 알까 몰라

돈으로
무너진 사랑탑
천륜도 울고 있네.

사랑목장

손잡고 사이좋게
깔깔대며 조잘조잘

사랑목장 소풍 길
새털구름 피어나고

논두렁
꼬부랑길에
엉덩방아 찧었다.

사랑하는 아들딸들아

4남매 너희들을 금지옥엽(金枝玉葉) 키우지는 못했지만 그래도 세상에서 가장 소중한 너희들이 아니던가. 옛날 어른들 넋두리로 금을 준들 너를 주랴, 은을 준들 너를 주랴, 하는 말과 같이 너희들을 무엇과도 바꿀 수 있겠는가.

이런 너희들이지만 바쁘다는 핑계로 좋은 아버지 노릇 못하고 입학식, 졸업식을 기다렸던 날도 꽃다발 못 안겨주고 짜장면 집도 못 갔구나. 용돈도 못 주고 등록금 한 번도 내 손으로 쥐어주지 못했다.

서로 마주보며 밥상머리 앉아 대화하며 가정교육이 이루어져야 하는데 부모자식 사랑도 메말랐다. 그 시대만 해도 표현을 못했고 아니 할 줄도 몰랐다. 가부장이란 가정을 잘 다스리는 것인데 식구들한테 침묵하는 것이 어른다웠던 모양이다. 그래도 너희들은 부모 속 썩이지 않고 잘 커주어 고맙구나.

옥불탁불성기(玉不琢不成器) 옥을 갈고 닦지 않으면 그릇을 이루지 못하니 열심히 하면 뜻을 이룰 수 있고 인불학불지예(人不學不知禮)라 사람이 배우지 않으면 예를 알지 못한다 하였으니 배우고 익혀 사람됨을 바라며 원론적으로만 생각했다. 식불언(食不言)이라고 밥 먹을 때 조용히 하라 하였지만 오늘날에는 문화가 달라졌으니 그 시간에 대화를 함으로 교육이 되고, 사랑하고 힘든 일의 해결 방법을 찾기도 하겠지.

이제 너희들도 부모가 되었으니 부모가 돼봐야 부모 마음을 안다고 하더라. 부모, 형제, 내 아내, 내 자녀 서로 사랑하고 도우며 멋진 한 가정 되어 각기 맡은 일을 다 하여 좋은 가정 되어라.

예수, 석가, 공자 종교적인 가르침도 이와 같이 말씀하셨으니 예수 믿는 가정은 말씀에 묵상하며 믿음, 소망, 사랑. 사랑은 오래 참고 온유하니 우리는 말씀에 순종하며 그것은 곳 아름다운 가정이고 축복 받으며 건강도 행복도 그 가운데 있으니 풍요롭고 향기 나는 삶을 살 거다. 내 사랑하는 아들딸들아. 사랑한다.

아들 한철민 이엔 영어학원장

— 며느리 손미경, 손녀 예지

부모 도움도 없이 서울근교서 적수공권으로 영어학원을 운영한다는 것은 얼마나 힘들까. 정신적, 육체적으로 고통스러울 것을 애비로서는 마음속으로 알고 있다. 생각하면 너희들 학교 보낼 때가 행복했던 것 같다. 연세대 다닐 때 생활비며 등록금 대기는 힘들었지만 졸업하면 근심걱정 없을 줄 알았는데, 학원은 잘되는지 교육자로서 존경받는 선생인지, 법과 원칙대로 국정을 운영한다는 사람들이 부정행위가 많으니 인심이 흉흉하고 국제적으로 나 사회적으로 잘 안돌아가니, 유혹도 있을 것이고 매사 조심조심해야 하는데 말이다.

한예지 서울대학 다니는 손녀가 있어 할애비의 자랑이고, 가문에 영광이지만 건강들은 어떠한지, 식솔들이 다 건강해야 하는데. 가지 많은 나무 바람 잘 날 없다고 너희들 4남매 부모 된 마음은 늘 걱정이다. 외손자, 외손녀는 몇 되지만, 친손주 하나 있었으면 하는 바람이었는데 허전하구나.

네 엄마하고 가끔 싸우면 너는 이렇게 말했지. 가화만사성이라고 부자유친이라고 하였는데 자상한 아빠가 못 되었다. 요즘 아빠들하고 우리 세대 아버지는 가부장이라고 침묵이 미덕인가 잘못된 생각이지. 너와 목욕탕 간 일이 딱 한 번 있었는데 집에 와보니 세수도 안 시키고 왔지. 네 엄마가 뭐라고 말했을까. 지금 너와 내가 목욕탕 가서 부자지간 서로 등을 밀어주고 옛날이야기 하며 차 한 잔하는 소원이기도 하다.

손녀가 서울대학 다니는 것 좋아하면서도 용돈 한 푼 쥐어주지 못하는 할애비가 이웃 노인만 못하구나. 그렇지만 너희들 세 식구 외아들, 외며느리, 손녀 하나 나는 서운하다.

두 늙은이 병원비 나오면 네게 부담시키고, 고맙고 미안하다. 기동 못하면 요양원 가야하는데, 그것 또한 네 짐이니 나는 요양원 안 간다.

옛날에는 갓난 애기 때 암죽을 끓여 사카린으로 단맛을 내고 불쌍하게 키웠지. 지금은 분유 먹이다 이유식하고 설탕을 해롭다고 안 먹이니 얼마나 좋은 세상에 사는지 너희들 세대는 몰라. 기저귀도 없이 방바닥에 똥을 싸면 워리워리 개를 불러 개가 똥을 먹어치우고 걸레로 닦아내 손으로 세탁을 하고 옛날 엄마들은 힘들게 살았지.

1960년대 어려운 때 자녀를 많이 두어 키우기 힘들어 산아제한 가족계획요원을 면사무소에 두어 부락마다 순회하며 산아제한 이유를 설명하며 아들딸 둘만 낳아 잘 키우자! 그 당시 구호였다.

2017년도에는 그와 반대로 아들딸 많이 낳아 잘 키우자. 60년대는 살기 어려워 그랬고.

오늘날 애 키우기 힘들다고 출산을 기피하니 나라에서도 걱정되어 여러 가지 혜택을 주지만 부부가 맞벌이하고 아이 맡길 곳 없고 교육비가 너무 많이 들어 감당하기 힘들기 때문이라지만 둘만 낳아 잘 키웠으면 하는 바램이다.

젊은이들은 뜨는 해, 노인들은 지는 해, 젊은이들이 대한민국의 소유권자니 영토의 주인 되어 새나라 건설 위해 일터로 가자 일하러 가, 할 일 많아 사방에서 일꾼을 부른다. 한 계단 두 계단 사닥다리 오르면 넓은 세상 환히 보이리라.

한윤아

— 남편 강권모, 장남 진혁, 차녀 슬기, 셋째 동혁

딸로는 둘째, 고집은 세지만 마음은 착하다. 시집을 가서도 노시할머니 치매 걸려 수발하기 힘들었다. 가까이 살아 자주 가보면 그런저런 불만이 없었다. 한때는 홀시아버님 잠깐 모시다 돌아가시고, 사업하다 실패하니 셋집으로 전전하며 사는 게 말이 아니었다.

원기 부족인지 손을 떨며 어지럽다 하여 보약도 져주고 아이들 학원도 보내다 말다, 학원비가 없어서였다. 가까이서 보는 외할아버지 마음이 편치 않았다. 아이들은 사춘기 속 안 썩이고 잘 자라주었고, 그중에 슬기는 외할아버지 희망이었다. 아이들에게 아빠도 용돈을 못주고 월급은 타지만 가정 살림에도 소홀 하는 것 같았다.

그러다 보니 가정에 온기가 없고 화목하지 못하니 다 넉넉하지 못한 탓이다. 아이들 삼남매 기대를 걸지만 아직 학생이고, 슬기는 직장 생활에 만족한 듯하니 다행이고, 회사를 위하고 높은 분들 잘 모시는 참신한 직장인이 되기를 바랄 뿐이다. 엄마도 건강한 듯 힘들지만 돈벌이를 하니 사랑하는 슬기가 아빠한테 잘하고 동생도 다독거리고, 고진감래란 사자성어가 있지.

앞으론 좋은 날만 있을 거야. 그리고 매사에 조심하고 직장은 내 가정이라 생각하고 상사 분들 잘 모시고 맡은 일에 충실하여라. 사랑한다.

한은아

— 남편 김준현, 아들 제윤, 딸 서윤

정유년 새해는 새로워라.

불을 뿜는 듯 닭의 가족들 홰를 치며 새벽을 연다.

이 집은 하나님의 집, 하나님이 늘 함께 하신다. 하나님은 약속의 하나님, 세상 것 다 변해도 하나님은 변치 않는다.

아빠 엄마는 믿음, 소망, 사랑의 줄기, 너희는 가지니라. 아름다운 꽃 알찬 열매를 성숙하리니 부모에게 순종하고 형제들 간 서로 우애하라.

한예지, 유상원, 강진혁, 강슬기, 강동혁, 김제윤, 김서윤 너희들은 형제니라. 행복이란 스스로 만드는 것 서두르지도 말고 쉬지도 말라. 세월은 가고 기다려주지 않는다. 주어진 하루하루를 소중히 살라.

축복의 하나님 감사기도를 드립니다.

김영진 선생님께

— 김서윤 달안초등학교 2학년 1반

선생님, 안녕하세요?

저 서윤이에요. 선생님, 1학년 때 저를 잘 가르쳐 주셔서 감사드려요. 지금도 선생님을 복도에서 만나면 너무 기뻐서 제 얼굴에 웃음꽃이 피어요. 마치 우리들은 씨앗이고 선생님은 우리를 가꾸는 농부 같아요. 선생님이 우리를 정성껏 가꾸어주시면 우리가 예쁜 꽃을 피우고 열매를 맺을 수 있도록, 또 더 크게 멋있게 자랄 수 있도록 애써주시지요.

처음 1학년에 입학 했을 때에는 낯설었지만 선생님과 공부하다보니 금방 학교가 재미있어졌어요. 선생님은 참 친절하세요. 엄마처럼 다정하고 항상 웃는 얼굴로 우리를 사랑해주셨지요.

선생님, 사랑해요.

제가 가만히 생각해보면, 누구보다도 좋은 선생님은 바로 김영진 선생님인 것 같아요. 즐거운 생활 시간이면 운동장에서 함께 달려주시고 놀아주셔서 참 즐거웠어요.

선생님, 사랑해요.

아프지 마시고 더욱 건강하세요. 지금은 우리 담임선생님이 아니지만 기쁠 때나 힘들 때도 늘 선생님 생각을 하며 열심히 공부하는 서윤이가 될 거예요. 저는 선생님의 제자로 부끄럽지 않게 열심히 공부하고 꿈을 이루기 위해 노력할 거예요.

김영진 선생님, 감사합니다.
그리고 사랑합니다.

2011년 5월 15일 김서윤 올림

초등학교 2학년 김서윤(왼쪽)

부모 불효 사후회

베틀을 보니 어머이 환상이 보입니다. 생전에 그 모습 마음이 울적합니다. 베틀에 앉아 오른발을 밀었다 댕겼다, 북은 날줄 사이로 좌우로 왔다 갔다, 손으로 잽싸게 잡아 바디짐으로 째각째각 팔다리 온 몸으로 온종일 고된 작업 한 치 두 치 늘어나 한 필 두 필 짜내는 옷감.

사계절 철따라 입혀주신 어머이, 이제는 볼 수 없는 어머이, 그 무엇으로 갚으리까. 용돈 한 푼 못 드리고 받기만 한 자식 생전에 지은 죄 눈물이 납니다.

실을 잣는 할머니 오른손은 물레 돌리고, 왼손으로 실을 뽑아 긴실 파람 왼손으로 높이 들어 부웅스르르 고치개에 실을 감는 할머니. 등잔불 심지 돋우며 밤낮으로 실을 자아 옷감으로 변신하니 식구들 호사하고 우리들은 꼬까옷 자랑하기 바쁘다.

할머니 해수기침으로 병원 한 번 못 모시고 용각산 한 곽 사드리면 그것도 아껴 드셨다지요. 하늘 아래 손주 하나 제일이라고 측은히 바라보시던 할머니 이제야 알겠습니다. 돌아가시는 날 손주가 보고 싶다고, 오라고 하시다가 바쁜데 오지마래라. 가시는 순간까지 손주 생각, 불효한 손주는 그것이 한이 됩니다. 왜 그러셨어요. 운명을 내 앞에서 보냈어야 그나마 만분에 일이라도 죄사함을 받을 것 같아 할머님이 원망스럽습니다. 그러나 그립습니다.

울할머니 울어머이

목화로 실을 잣고 누에고치 실을 뽑아 삼을 삼아 삼베길쌈, 무명길쌈, 명주비단길쌈 가내공업 차린 듯 부웅부웅 째깍째깍 보릿고개 잠재우고 떨어진 옷 물렀거라. 조상들의 지혜 슬기롭고 재미있다.

옛것은 도망치고 마음속에 숨어있다.

지금은 현대문명 검은 연기 굴뚝 속에 좋은지 그른지 모르고 살고 있답니다.

할머님 그리고 어머이 저승에서 편안히 영면하옵소서.

물레

다듬이

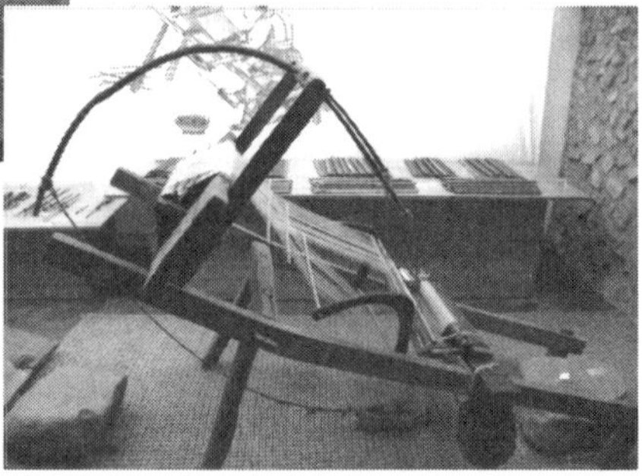

베틀

제 3 장

해방과 한국전쟁

북에서 남으로

1938년 9월 3일 평안남도 순천군 사인면 안국리 출생, 청주 대머리 한씨 32세손으로 태어나 한영필 이름을 한(韓)자 란(蘭)자 후손으로 족보에 올린다.

조부께서는 정감록(鄭鑑錄) 예언을 믿으며 1910년 한일합방 후 왜정 치하 36년간 압박과 설움에서 살았고 정감록 예언에 장차 북은 오랑캐 놈들이 점령하고 공산치하가 되면 자유와 인권이 박탈당하고 전쟁이 발발하기 전에 남하하여, 정감록에 의하면 충북 속리산, 충남 계룡산 100리 안에 기거해야 피난한다며 짐을 꾸렸다.

조부께서는 속리산과 계룡산을 목적지로 했지만 평양서 충청도는 너무 장거리라 도중하차하셨다.(강원도 홍천에)

1번째 이사, 1942년

강원도 홍천군 서석면 어론리에 짐을 풀었다.

생계가 막연하여 평양냉면 집을 간판 없이 시작했으나 왜놈들이 냉면 틀을 빼앗아 가고 주방집기, 놋그릇, 수저까지 약탈해갔다. 아버지까지 강제징용으로 잡혀 목탄화물차에 실려 가는 것을 할머니는 울음을 터뜨리며 차에 매달렸고, 나는 마루 끝에서 떠나는 모습을 바라보았다.

13세 여식들 그리고 미혼 여성들을 동원하여 공장에 취직시킨다고

20만을 넘게 끌려가 마구 부려먹고 7만여 명이 일본군을 상대로 강제 성노예로 한사람 여성이 수백 명의 일본군을 상대함으로 현장에서 죽어 나갔다 하니 생각하면 치가 떨리고 울분이 터진다.

해방 후 돌아왔지만 치욕스러운 한 많은 삶을 살다 사망하였고, 지금은 50여명(2010년)의 생존자가 있으며 일본국의 사과와 사실을 인정하라 하였지만 모르쇠로 일관하니 천인공로할 일이다.

강제 노역으로 끌려간 부모, 형제 고통 속에서 사망하고 돌아오지 못한 사람들도 부지기수이고, 나의 아버지도 돌아오지 못하니 오늘일까 내일일까 기다리다 어머니는 88세로 돌아가시고 어머니 제삿날 함께 제를 올린다.

2번째 이사, 1945년 가을

홍천군 서석면을 떠나 화촌면 군업리로 이사한다. 조부님과 숙부는 이곳 적산에서 나무를 베어 틀목을 쌓아 흙으로 틈새를 막아 집을 짓고 화전밭을 일군다. 비료도 없고 퇴비도 없으니 메밀이나 호밀을 심어 초근목피하며 연명을 하고 주 작물이라야 조, 옥수수, 감자로 1년 식량을 한다. 그것도 제 돌을 못 대고 춘궁기를 맞는다.

밤나무골 외딴 터에 집을 지으시니 앞산은 나지막하고 좌청룡 우백호 양지바르니 집터로 명당이라고, 집 앞 버드나무 밑에 옹달샘 높은 산속 생명수 화전밭을 일군다. 낯선 곳, 인가는 없고 금세 초목이 이웃이 된다. 초가 4칸 작은 방을 꾸미고 3대가 이곳에서 산다.

1945년 8월 15일. 해방은 되었지만 징용 간 아버지는 돌아오지 못하고 기다리는 희망일까. 산채를 뜯고 소나무 껍질을 벗겨 낟알가루를 섞어 연명을 하지만 아버지가 없는 빈자리가 더 슬프고 온가족이 기다리는 마음 간절하다. 작은아버지는 쥐를 잡으면 사촌에게 구워 먹이고 개구리, 뱀을 잡아, 그리고 잠자리, 매미를 잡아 구워 먹었으니 주식인가 간식인가 단백질을 섭취했다.

한창 성장할 나이에 굶주렸으니 키가 못 크고 성장판이 멈추었다. 내 여동생과 사촌은 흙장난과 돌무더기를 쌓아놓고 나는 할아버지한테 천자문을 배운다. 글자를 외우기 위해 지, 필, 묵으로 쓰는 것이 아니고 책상 서랍에 조를 담아 글자를 쓰고 흔들어 지우고 또 쓰고 하였다.

난시고 물자가 귀할 때라 할아버지가 쓰시던 몽당붓으로 분판에 몇 자 쓰고 물로 지워 또 쓰곤 하였다.

1945년 8월 15일. 압박과 설움에서 해방된 민족. 얼마나 울었던가. 얼마나 기다렸던가. 해외서 국내서 오직 구국일념으로 부모 처자식 돌보지 못하고 몸 바쳐 싸우신 애국지사들 이날의 영광을 못보고 가신 분들께 그리고 유가족들에게 감사의 머리를 숙입니다.

1948년 8월 15일. 나라를 찾아 대한민국 정부수립, 유엔 감시 하에 총선거를 하여 초대 대통령은 리승만 대통령이다.

동막산 황정골

1951년 가을 이곳을 떠난 지 60년!
어머님 88세 공주복지시설서 승천하시고
마음이 하 서러워서 이곳을 찾아본다.

유년시절 그리운 추억을 더듬으며 마음 다잡아본다.
산천도 도로도 집들도 정말 추억이로세.
김옥희, 동철이, 남철, 내 또래 이곳에 살까.

어! 저기 한 사람 볏짚을 쌓고 있네.
말 좀 물읍시다. 이 사람들 살고 있나요.
그 사람들 어디 산다는데 오지도 않아. 다 죽었어.

무거운 발길을 돌렸다. 허무인생이로세.
황정골 가는 길 옛날엔 풀섶 길이었는데
포장길 잘 다듬어진 2차선 농가엔 자동차

깊숙이 계곡길을 따라 오릅니다.
모두 새롭고 희망적이지만 내 마음은
외롭고 쓸쓸합니다. 갈래 길 어디로 갈까.

조상의 옛길 반세기 수레바퀴는
나이테로 쌓은 붉은 노송 한 그루
다복솔 군락지에도 고송(孤松) 다송(多松) 아호를 명하노라.

* 동막산 : 홍천군 서석면에 있는 산
* 황정골 : 본면 남동력 향한 계곡

1950년 5월 25일 동족상잔의 비극

38선을 경계로 대립하던 중 북한군이 6월 25일 새벽 4시 일요일 기습 공격으로 발발한 이 전쟁은 막대한 피해를 입고 6월 28일, 3일 만에 서울을 진입, 홍천까지 왔다는 풍문이었다. 이어서 북한군은 남으로 남으로 진격하여 부산 한 구퉁이만 남아 한두 달 만에 남한의 90%를 점령하였다며 피난민은 거제도로 이동한다고 들려온다.

이 같은 전세 난리에도 천진난만한 철부지들은 딱지치기, 비석치기, 탄피치기를 하며 비행기 소리만 나면 처마 밑으로 숨어서 비행기 따라 이름을 붙인다. 쌕쌕이 폭격기다. 잠자리 정찰기다. 높이 뜨고 커 보이면 삐29, 사다리 비행기는 수송기. 이렇게 확실치 않은 말씨름을 하며 골목길에서 마냥 놀았다.

어른들은 일손도 놓고 농사일에 소홀히 하며 공포에 떨고 있다. 동무들 성분이 좋지 않다며 사람들을 줄로 엮어 끌고 가 처형하였는지 행방을 알 수 없으며 돌아오지 못한다.

또 인민위원이라며 농작물, 벼이삭, 수수이삭, 곡식알을 세고, 밤에는 반상회를 하여 감투를 씌워 조직을 만들고 감투를 쓴 사람. 전에는 좋은 이웃이었는데 고자질을 하여 원수가 되고 재산과 인명피해가 많았다. 또 아이들을 모아놓고 김일성 수령 장군님은 남조선을 잘 살게 하는 어버이 수령님이시며, 남조선 리승만 개새끼는 인민의 피를 빠는 악독한 놈이라며 복창하도록 하며 아이들에게도 직책을 주었다. 나도 직책 하나 받았다.

이렇게 여름 가고 가을 가고 겨울이 오니 자연은 역사 속으로 흐르고 기록될 것이다.

인천상륙작전

공산군에 계속 밀리던 전항을 뒤집기 위해 국군과 유엔군이 실시한 작전을 인천상륙작전이라 한다.

적군의 허리를 잘라 협공을 하려고 한미작전, 맥아더 장군의 지휘에 1950년 9월에 작전 상황을 보고받고 수행되었다. 서울 빼앗긴 지 3개월 만에 수복하고 이어 북진을 할 수 있는 계기를 마련했다. 한국 참전 UN군 16개 나라가 참여한다.

대동강을 건너 평양을 탈환, 평양방송은 수도를 신의주로 이전했다고. 평양과 서울 간 전화 개통, 공비를 소탕하며 계속 북진, 신의주를 폭격하고 서울, 평양, 대동강 열차도 운행했다. 그러나 중공군 투입으로 철수 위기에 맥아더 장군이 홍남에서 미군 철수작전을 한다.

웅봉산(솔치 고개)

소나무촌 솔향기 가득한 소나무산
어디선가 산울음소리 웅웅 적막을 깬다.
먼지 길 신작로 비켜 지름길 내리막.

홍천군 서석땅 두메 중의 두메산골
미끄러진 가파른 길 엉덩방아 아이쿠
할마니 조심하라야 괜찮카서 와 그러네.

솔뿌리 울퉁불퉁 길 엮어 놓았네.
가도가도 끝이 안보이는 험한 길
다래가 하늘 가리고 방울이 주렁주렁.

* 웅봉산 : 홍천 서석, 화천을 잇는 산(솔치 고개)

홍남부두로 몰려든 피란민

50만 북한동포들이 자유 찾아 살 곳 찾아 남하하려 하였다. 필사적으로 1950년 홍남 철수작전에 빅토리호는 무기와 물자를, 그리고 병역을 수송하는 선박인데 무기와 물자를 버리고 피란민 14,000명을 젓가락처럼 빼곡히 싣고 겨울 날씨에 3일 만에 거제도에 도착했다.

한 명의 사상자도 없이 항해 중 6명의 신생아도 탄생하였다. 그 혼잡한 배 안에서 어떻게 출산을 했을까. 이 기적이야말로 하나님의 역사며 세계 사상 전무후무한 일이다. 이는 미군 알몬드 소장의 결단이며 모험이며 인명과 인권을 존중하는 선진 미국의 훌륭한 알몬드 소장의 대단한 업적이다.

배에 오르려고 매달리고 또 매달려 손을 놓으면 첨벙첨벙 서로 가족을 부르며 아우성이다. 빠진 사람은 구할 생각도 못하고 눈물바다가 된다. 승선하였다고 안심할 수 없다. 사고 나면 몰살 죽음하기 때문이다. 항해 도중 태어난 새 생명 출생자는 빅토리호 이름을 따서 지었다. 김치원, 김치투, 쓰리, 포 이렇게 웃지 못 할 에피소드도 있다.

1951년 1.4후퇴

1월 4일 국군과 유엔군이 서울을 철수하게 된다. 중공군 정찰대 서울 서남구 지구에서 한강을 건너 진격한다. 전국에 계엄령을 선포하고 정부와 각 기관은 부산으로 이전한다. 중공군은 원주에 진출하고 홍천을 점령한다. 나는 홍천에 살고 있으며 6.25때 들렸던 포 소리가 이 겨울에 또 쿵쿵 들려온다. 피란을 가야하나. 피란 갔다온 경험담을 들었다.

피란이란 떠나는 것만이 피란은 아니다. 집을 지키고 가축을 돌보며 그때그때 상황을 판단하여 모면하는 것이고 집 주변에 방공호를 파 피신해야 된다고 본다.

앞으로 전쟁이 난다면 피란갈 곳이 없다. 순간 정쟁이라 보며 교통이 마비된다. 전후방이 없기 때문이라 본다.

1.4후퇴는 중공군이 밀물같이 닥쳐 밤에는 군마와 병력이 이동하고 낮에는 숲속에서 숨어있다. 밤새 어디서 왔는지 아침에 보면 계곡에 군마가 가득 차고 그 위에 나무숲으로 위장하고 전투태세를 갖추고 휴식을 취하는 듯하다.

어느 날 앞산에서 아군과 적군이 전투를 한다. 한동안 심한 총성과 실탄이 밤인지라 긴 꼬리를 단 듯 곡선을 그리며 불줄기가 뚜렷이 보인다. 그리고 또 잠잠하다. 전투란 주야로 오랫동안 싸우는 것은 아닌가보다.

밤에 이동하고 싸우는 것은 공산군과 중공군이 비행기 폭격 때문이다. 정찰기가 마을을 두서너 차례 돌다 가면 바로 쌕쌕이가 와서 폭격을 한다. 네 대가 한 조가 되어 목표를 때리는데 포탄을 토하고 곤두박질하고 다시 솟아오르며 뒤이어 다른 한 대 또 한 대 그러면 군데군데서 검은 연기가 솟구친다. 한바탕 퍼부어대고 떠난다. 그리고 또 정찰기가 아주 저공으로 방안까지 들여다보는듯하여 문고리를 당겨 겁먹지만 폭격을 할 때는 집이 흔들리고 문짝이 떨어질 정도니 우리집에 폭격을 하는 것 같아 정신을 잃는다.

일진일퇴 전쟁 중 마을을 초토화하고, 젊은이는 국군으로 입대하여 훈련도 못 받고 전선에 나가니 총알받이 제물이 되었다. 더러는 인민군에 붙들려 행방을 알 수 없고 중노인들은 아군이건 적군이건 실탄 또는 밥, 짐을 지고 고지로 올라가야한다. 노출되어 움직이니 위험하기는 군인보다 위험하다.

저의 숙부는 할미꽃 뿌리를 찧어 발등에 붙이니 그것이 악화되어 중태였다. 또 전염병에 걸려 그 길로 운명하시니 난을 피하려다 30대 젊은 나이에 부모, 처자식을 놓고 돌아가셨다. 6.25 한국전쟁은 슬픔과 이산가족이 되었고 그 그루터기는 오늘날까지 아픔을 씻지 못하고 있다. 망자의 아들은 7살. 아버지의 죽음을 아는지 모르는지.

그 난을 겪고 한해 농사를 하고 그 곳을 떠난다. 강제노역으로 생이별한 아내, 사별의 남편을 산에 묻고 강원도 홍천을 떠난다. 뒤돌아보고 또 돌아보며 눈물어린 한을 품고 떠나야 한다.

30대 아들형제 징용으로 떠난 아들 생사도 모른 체 또 산에 묻고 가슴에 묻어 70평생 사시다 충북땅 산모퉁이에 두 분이 합숙하시니, 이때 손자 나이도 40이라.

1951년 겨울 이승만 대통령은 전염병 만연에 대한 담화문을 발표했지만 예방약도 치료약도 있을 수 없고 남녀노소 할 것 없이 목숨을 잃었다. 전쟁이 나면 전염병이 돌고 전사보다는 병사가 더 많다. 이웃 간에 왕래도 않고 냉정하며 낯선 사람만 봐도 기피하고 불안한 맘으로 하루하루를 보내야 했다.

이때 배고픈 아이들은 삼굿놀이

솥을 거는 식으로 하고 자갈을 쌓고 불을 때고 방고래를 놓듯 방 모양을 만들고 준비한 모든 먹거리 감자, 복숭아, 머루, 콩 등등을 쌓아 풀을 덮고 달군 자갈 더미로 풀을 덮고 또 모래로 덮고 중앙에 막대기로 구멍을 뚫고 물을 한 바가지 붓는다. 김이 솟구쳐 나오면 그 구멍을 막는다. 그리고 군데군데 구멍을 뚫고 물을 붓는다. 그러면 뜨거운 김이 먹거리 있는 곳으로 들어가 익는다. 그 온도는 대단함으로 삼굿을 헤쳐보면 아주 잘 익어 여러 명이 서로 먹으려고 하니 더 맛나고 즐거운 놀이도 된다. 사실상 시금털털 무슨 맛이 있으련만 먹을 것이 없는 때라 그래도 좋았다. 개울 가서 고기도 잡고 개구리도 잡고 물이 일급수라 고기도 많고 공해 없는 자연이라 뱀, 매미, 잠자리, 새알들을 꺼내 구워 먹어댄다. 1950년대 10대들은 이런 것이 군것질이고 삼굿놀이기도 하다.

일제강점기 자유와 인권을 박탈당하고 해방의 기쁨도 잠시 곧이어 6.25에 폐허가 된 나라, 경향 각지에 삶은 너, 나 할 것 없이 살기가 어려웠다. 영양부족으로 아이들은 자라지 못하고 왜소하였다. 지금의 아이들은 잘 먹고 환경은 좋음으로 부모들과 비교하면 키와 몸집이 월등히 차이가 난다. 지금도 이북에는 영양실조로 아이들이 자라지 못하고 꽃제비란 이름으로 거리를 방황하고 쓰레기통을 뒤져도 먹을 것이 없다 한다. 6.25 전만해도 이북이 경제적으로나 문화가 남한보다 앞섰다 한다. 그러나 6.25 후 경제와 민생은 뒷전이고 전쟁준비와 핵개발, 그리고 삼대 세습, 독재정치로 고위층만 호의호식하는 허울 좋은 공산주의 단체다.

환자가 아니면 피할 길 없다. 아이들이고 노인이고 외과적으로 멀쩡하면 짐꾼이 된다. 때로는 돌아오지 못하고 행방불명이다.

저의 숙부는 할미꽃 뿌리를 찧어서 발등에 붙이고 악화되어 중태였다. 전염병까지 전염되어 사망하였다. 전쟁 중이고 전염병으로 병사하여 식구들이 시체를 운구해야했다. 가마니로 들것을 만들고 아들의 시체를 아버지가 부인과 형수가 밀고 당기고 비탈길 산을 넘어 밤에 매장을 하였다. 낮에는 비행기가 무서워 움직이지 못했고 괭이와 삽으로 30대 한 가장을 슬픔 속에서 장사를 지냈다.

일본 강제노역으로 생이별을 하고 병사(病死) 사별을 하고, 1.4후퇴 난리를 겪고, 슬픔과 눈물을 묻고 강원도 홍천을 떠난다. 뒤돌아보고 또 돌아보고 한 많은 인생길을 이 산천에 묻어버린다.

1951년 겨울 리승만 대통령은 전염병 만연에 대한 담화문을 발표했지만 예방도 치료약도 있을 수 없고 많은 남녀노소가 목숨을 잃었다. 전쟁이 나면 병이 돌고 전사 보다는 병사가 무섭다.

이러한 전쟁 중에도 어린이들은 딱지치기, 구슬치기, 탄피치기, 코찔찔 훌쩍훌쩍 팔소매로 씩 닦으면 팔소매가 반들반들 윤이 난다. 날 저물어 집에 가면 고구마 몇 개, 동치미 무쪽으로 저녁이다.

또 10대들은 강변으로 모여 먹거리를 생각한다.

설익은 개복숭아, 머루, 감자, 옥수수 등 사방서 모아가지고 불을 놓고 구워 먹는다.

홍천서 전쟁을 겪었고 전쟁 속에서 살아남았다. 비행기는 산에 휘

발유를 뿌리고 방화한다. 공중에서 불덩이가 떨어지듯 군데군데 산불이 시작하면 주야로 산불은 진화되지 않는다. 고의로 산불을 내는 것은 작전상 중공군과 공산군이 전투 작전을 못하게 하는 것이다.

국군과 유엔군이 진격할 때는 대로로 줄지어 행군을 하며 차량에는 여러 모양의 무기를 탑재하고 상공에는 비행기가 엄호하며 의기양양 천하무적의 기세다.

마치 한편의 전쟁 영화를 보는 듯 아니 실제 상황이니 실감난다. 그러나 마음은 조마조마 편할 리가 없다.

일진일퇴를 거듭하니 재산과 인명피해는 가중되고 패잔병 인민군은 마을로 숨어들어와 아버지 오마니 하며 밥을 달라, 먹을 것을 달라 하다, 잠복 중이던 경찰, 방위대 공격을 받아 즉사하는 일도 허다하다.

밤에는 민간인이 실탄을 지고 또는 밥을 지고 고지로 오르니 이 일은 아군이나 적군이나 가릴 수 없고 불응할 수도 없다. 군인보다 노출되어 있으니 위험은 더 크다.

폭탄보다 더 무서운 것은 인심이다.

恩義를 廣施하고 讐怨을 莫結하라. 은혜와 의리를 베풀라.

원수와 원한을 맺지 말라. 평소에 원수척지고 살면 난시에 전세가 바뀌면 자칫 목숨을 부지하기 어렵고 북으로 도망치고 가정이 파괴된다. 은혜와 의를 베풀면 나에게 적이 있을 수 없다. 6.25 후 빨갱이란 말이 무성했다. 서로 죽이고 죽이는 악순환이 계속된다.

살 곳 찾아

1948년 할머니는 작은 보따리를 이고 나는 잠뱅이 바지를 입고 살던 곳을 떠나 솔치 고개 산바람 우는 소리를 몸으로 감지하며 아버지가 일본강제노역으로 떠난 그 집을 뒤로하고 할머니는 자꾸 뒤를 돌아보며 눈물을 훔치신다.

배곯은 설움도 크지만 자식과 함께 살지 못하는 아픔이 더 힘들 것이다.

손자 하나도 잘 못 먹여 초근목피 하니 변비가 생겨 항문이 찢어질 듯 고통스러워 뒷간에서 울고 있으며 할머니를 부른다. 할머니는 나무 꼬챙이로 파내준다. 눈물을 닦으며 나서는 가련한 모습 할머니는 속울음 삼키신다.

이때 나이 9살, 할아버지로부터 한문을 배우고 여러 권의 책거리를 하였다. 1950년, 늦은 나이에 초등학교 3학년으로 들어가 등교하던 중 6월 28일 선생님이 첫 시간부터 집으로 돌아가라 하여 영문도 모르고 교문을 나서니 사람들이 이고지고 소달구지에 짐을 싣고 신작로 한 방향으로 가고 있었다.

집에 와보니 어른들도 어수선하고 멀리서 쿵쿵하는 소리가 들린다. 북한군이 서울을 점령하고 홍천에도 들어왔다 한다.

선발대는 남으로 남으로 진격하고 뒤이어 치안대라 하여 민심을 사고 감투를 씌워주고 환심을 산다. 벼 이삭 낟알을 세고 감자를 캐 저울에 달아 수확을 계산한다. 감투를 쓴 사람 좋은 이웃이었는데 우쭐하여 나대며 앞잡이가 되어 인명과 재산 피해도 감정 있던 사람도 고자

질하여 잡아가게 된다. 밤마다 회를 하여 김일성 수령 어버이는 남조선을 잘 살게하는 수령님이니, 리승만은 인민에 피를 빼는 악독 인간이고, 아이들에게 리승만 개새끼라고 복창을 시키고 찬양의 노래도 가르친다.

총검으로 마주 싸우는 것만이 전쟁은 아니다. 그러던 중 우리군은 후퇴하여 부산 한 귀퉁이 남아 7월말에는 남한의 90%를 내주게 되고 피란민은 거제도로 이동한다는 소문이 들린다.

어른들은 일손을 놓고 농사일도 소홀히 되었다. 전쟁 중에도 여름 가고 가을 가고 겨울 오니 대자연은 변함이 없다.

1951년 봄 어느 날 홍천지구에서 중공군을 유엔군 공격으로 후퇴시키고, 여름날 홍천지구에 내습한 공산군을 격퇴하였다. 겨울 어느 날 홍천에 공작산이 있는데 인민군과 중공군이 후퇴 중 잔위병이 있어 공비 토벌 작전 전투를 하는데 또래와 함께 산 위에 올라가 엎드려 총성과 검은 연기가 영화를 보는 듯 했다.

6.25 남침친 전쟁, 가을 북진 전쟁, 그리고 1.4후퇴 전쟁을 전투마당 홍천에서 구사일생으로 살아남았다.

지긋지긋한 총성, 비행기 폭격, 유언비어 들리는 소문. 그런데 어느 날 휴전이란 말이 들린다.

리승만 대통령 휴전 결사반대

안전 보장 없는 휴전 절대반대. 통일을 갈망했던 리 대통령은 충격이며, 휴전 진행과정에서 한국 정부와 리승만 대통령을 배제하였다.

국민과 국회가 하나로 뭉쳐 휴전을 반대했으나 북진 통일을 추진할 때 막대한 비용과 인명 손실이 부담되고 우방국들은 휴전을 바랬다. 또 제3차 세계대전도 무시하지 못했다. 미국이 소련과 중공을 상대로 세계전쟁을 치룰 준비도 안됐다.

북한군 최고 사령관 김일성은 휴전협정 전문에 정식 서명하고 리승만 대통령은 휴전 조인에 성명을 발표하고 통일 목표는 기어코 성취되고야 말 것이라고 강조한다.

1953년 7월 27일 미 · 중 · 소 결국 정전협정은 체결되었다.

아름다운 산하는 황폐하게 되었고 수많은 사상자와 이산가족의 아픔만을 남긴 채 언제 어떻게 될지 모르는 선이 60년간을 남북을 가로막았고 치유하기 힘든 민족의 비극이었다.

리승만 대통령은 독립운동가이며 정치가로 독립운동에 몸 바쳤고 광복 후 정부수립에 앞장서 대한민국 임시정부 초대 대통령이다.

김일성의 불범남침 광복 후 정부수립 당시 의식주 삶도 암울한 때 청천 하늘에 날벼락이며 막아내기란 역부족이고 한국군 단독으로 북진은 불가능하여 원조가 필요했다.

투르만 대통령이 6.25전쟁은 불법남침임을 설명하고 맥아더 원수에게 작전 지휘권을 이양 서한하며, 유엔의 지원과 각국 장성급 사령관들에 긴박한 사정과 아이젠하워 대통령 한국 방문요청 회담하고 탁월한 외교능력으로 풍전등화에서 살아나 북진을 하게 되어 전세는 역전되어 통일을 목표하였으나 정전협정을 결사반대에도 불구하고 미 · 소 · 중 · 북이 합의하에 정전협정이 체결되었다.(1953년 7월 27일)

리승만 대통령이 아니었으면 김일성 삼부자 공포정치에 살생과 기근에서 인권과 자유 없는 세상을 살 것이다. 리승만 대통령 아니라 국부시며 하늘이 내신 분이시다.

1950년대 소년들의 놀이

병정놀이

시대의 흐름에 따라 놀이도 따라간다. 전쟁을 겪은 소년들은 병정놀이를 한다. 떡갈나무 잎으로 철모를 만들고, 나무를 깎아 권총을 만들고, 아군과 적군을 나누어 동산에 올라 묘에서 포복을 하고 돌격을 하여 육박전을 한다. 승부는 없이 마지막 장소에서 만세를 부른다.

탄피치기

여럿이 모이면 각종 탄피가 다 있다. 제일 많은 것은 M1이다. 땅에

줄을 긋고 몇 미터 앞에 탄피를 놓고 맞추면 먹는 것이다. 못 맞추면 다음 타자가 상대 탄피 떨어져 있는 것을 맞추면 되는데 못 맞춘 탄피가 가까이 있으면 유리하다. 탄피가 온통 찌그러지고 새것과 구별 없이 수만 많이 가지고 있으면 자랑이다.

비석치기

손바닥 크기만한 납작한 돌을 전방에 세워놓고 맞춰 쓰러뜨리면 되는데 적당한 모양의 돌을 본인이 사용한다. 맨 먼저 잔을 드린다고 팔소매를 잡고 나직이 던진다. 쓰러지면 다음 순서로 가는데 다 설명할 수 없고 마지막으로 호랑이 잡는 과정인데 시작과는 반대로 팔매질을 하듯 크게 던져 세운 비석을 쓰러뜨리면 승자다.

자치기

약 60cm되는 잣대를 좀 굵은 나무로 만들고 메뚜기라 하여 약 20cm 되는 길이로 좀 가는 나무로 끝을 어슷하게 자르고 반대로 반대 끝을 그와 같이 비스듬히 잘라 땅에 떨어지면 자대로 툭 치면 튄다. 그러면 잽싸게 잣대로 쳐 떨어지는 자리를 몇 자라고 인정하면 되는데 실패하면 다음 사람이 한다. 그리고 메뚜기를 쳐 튀면 잡고 뛰는데 상대는 뛰는 사람을 따라잡아야 한다. 이 방법은 땅에 홈을 파고 그 위에 메뚜기를 가로 놓고 자대로 튕겨 떨어지는 곳에서 잡아 뛰어야 한다. 이 놀이는 몇 자로 정하고 즉 300자 500자로 하고 먼저 달성하면 승자며 10자 미만은 탈락이다.

딱지치기

딱지치기, 구슬치기 등 밖에서 하는 놀이인데 육체를 활발히 움직여 체력단련이 되고 자잘한 병이 없고 안경을 쓰는 아이들도 찾아볼 수 없다. 이런 놀이도 딱지를 접으려면 교과서를 뜯고 잡기장을 찢어 만든다. 구슬은 몇 십 원 주고 송방에서 사야한다. 구슬을 많이 가지면 참 부럽다.

얼굴은 때가 꼬질꼬질 손등이 새까마면 까마귀사촌이라는 말도 있다. 의복도 남루하고 해진 옷을 누덕누덕 기워 입었다. 배만 부르면 만족이었던 시절 1950년대 소년들의 삶이다.

지금은 청바지를 일부러 해지게 만들어 입고 무릎과 넓적다리를 내놓고 배꼽도 내놓고, 자랑은 아니지만 그때는 생각도 못할 일이다. 세상이 변해도 너무 많이 변했고 잘못된 유행바람이다.

2010년대 소년 소녀들

50년대 우리의 생활은 천양지차다. 기적적인 변화라고 볼 수 있다. 소년들 머리부터 발끝까지 의복이 화려하고 얼굴은 뽀얗고 입술에 빨간 색칠까지 한다. 몸집도 성숙하다. 손에는 핸드폰을 들고 한 손에는 먹을 것을 들었다. 배고파 먹는 것이 아니고 좋은 것을 찾아 거리에서도 군것질을 한다. 스마트폰으로 게임을 즐기고 오락프로도 즐긴다. 50년 전에는 배가 고파도 먹을 것이 없고 고구마나 감자로 끼니를 때웠다.

배곯은 이야기라면 요사이 소년들 '라면 끓여먹지' 한다. 옛날 가난을 이야기하면 통할 리 없다. 60년 전과 오늘을 비하면 한마디로 천양지차다.

80, 90대 노인들, 그때 어려운 시절을 얘기한들 씨도 안 먹히겠지만 오늘날 젊은이들은 살기 좋은 시대, 의식주 문화, 노인들은 알고 있지만 젊은이들은 모른다. 물자가 너무 흔한 세상이라 귀한 줄을 모르고 새것도 버린다. 고쳐 쓰는 법도 모른다. 좀 절약했으면 한다.

성노예(性奴隷)

'위안부' 언론이나 언론기관에 보도되는 것을 보면 공공연하게 위안부라 말한다. 이는 놈들이 말하는 것이고 우리는 성노예인 것이다. 위안부란 전시에 일선부대를 따라가 장병을 위안하는 여자를 말한다. 놈들이 말하는 '위안부'를 우리는 성노예라고 해야 한다. 일본이 침략전쟁을 하면서 놈들이 성적 욕구를 위해 강제적 성 욕구를 당한 꽃다운 아니 피어보지도 못한 소녀, 다양한 연령에 한국 여성을 강제로 끌고 가 맹수에 먹이로 던져주듯 피투성이가 돼 성폭행을 당하고 죽어 버려졌으니 생각만하면 울분하여 울화통이 터진다.

살아 돌아와 고향으로 갔지만 고통스러운 기억 속에 소외되고 외로운 삶을 산 산증인이 50여명 남아있음에도 일본 아베는 인정하지 않으니 명명백백 역사적 사실을 놈들의 후손에 거짓 역사를 교육한다면 천벌을 받을 것이다. 한일정상회담, 일본 위안부 문제를 빠른 시일 안에 타결하기로 양국 간 합의에 의견을 모았다. 그런데 아베는 과거 한일

협정을 통해 모든 것이 해결되었다고 딴소리를 하며 약속을 헌신짝 같이 버리고 있다. 많은 분들이 한을 품고 돌아가시고 이제 40여분 밖에 남지 않은 할머니들은 사과 한마디 못 받고 돌아가시게 되면 억울한 마음 그 한을 어디에 풀 것인가.

36년간 압박과 설움에서 해방 후 70년 세월에 한국전쟁을 겪고 잿더미 위에 헐벗고 굶주린 세대, 잘 살아보자고 국토재건에 앞장서 새벽종을 울렸다. 이는 지금의 8~90대 노인들이 주역이며 산업역군이었다. 그런데 오늘날 재벌 2세 정치권 갑질 행태며 당리당략 사리사욕을 위해 정쟁을 일삼는 현실에 국민들은 신물이 난다.

정치, 경제, 문화, 사회를 담당하신 여러분 신바람 나게 좀 해주십시오.

(충남신문에 보도)

유관순 열사 추모 96주기, 나라 찾은 3.1운동 98주년

영토 국민 주권 있어 한나라가 존재하는 것이거늘 영토 국민이 있어도 주권이 없으니 억압에서 살고 있어 그 어찌 다 이루 말할 수 있으랴.

천안 병천 아우네 장터 만세운동 현장에서 일제 헌병 총칼 앞에 쓰러지는 어머니 아버지 유관순은 처절하게 울부짖으며 몸부림 쳤다.

유관순은 천안 일제헌병대 유치장, 공주형무소, 서대문형무소를 전전하며 나라 뺏긴 힘없는 백성, 대한독립만세 가슴 찢어지는 그 절규, 아픔은 온 백성의 아픔이며 한 알의 밀알 되어 순국하였으나 시신도 찾지 못하였다니 어찌된 일인가. 역사교과서에 유관순 기록이 누락었다 하니 집필자들이 어느 나라 사람인가. 친일친북이 아니고서야 그런 얌통머리 없는 인간들….

죽어도 죽지 않은 자랑스러운 순국열사 유관순, 대한민국 자랑스러운 딸, 자손만대 영원까지 꺼지지 않는 횃불이거늘 교과서에 누락시켜 부당하다하여 주민들에게 서명날인까지 하여 나도 서명하였지만 이 얼마나 부끄러운 일이며 울화통이 터진다.

병들어 죽게 되면 진통제라도 먹다 죽지만 순국하신 선열들, 오직 나라 위한 고통은 자주독립국가 처방만이 치유할 수 있는 특효약일 것이다. 우리는 천안 사는 것만도 자부심을 갖는데 오늘날 이렇게 잘 사는 것도 그분들의 덕택이고 감사할 줄 알아야하는데, 한 줄 역사 기록도 제대로 쓸 줄 모르는 못된 인간들 우리 강토에서 살 자격이 없는 인간들이다.

나라 위해 목숨 바친 위대한 분들, 더 찾아내 사실대로 역사에 남겨 후손들이 나라 사랑하는 마음을 일깨워 줘야한다.

582장 제98주년 3.1절 연합예배 찬송

어둔 밤 마음에 잠겨 역사에 어둠 짙었을 때에
계명성 동쪽에 밝아 이 나라 여명이 왔다.
고요한 아침의 나라 빛 속에 새롭다.
이 빛 삶 속에 얽혀 이 땅에 여명탑 놓아간다.

옥토에 뿌리는 깊어 하늘로 줄기 가지 솟을 때
가지 잎 억만을 헤어 그 열매 만민이 산다.
고요한 아침의 나라 일꾼을 부른다.
하늘 씨앗이 되어 열사의 생명을 이어가리.

맑은 샘 줄기 용솟아 거치른 땅에 흘러 적실 때
거름 진 푸른 벌판이 눈앞에 활짝 트인다.
고요한 아침의 나라 새 하늘 새 땅아!
길이 꺼지지 않는 인류의 횃불 되어 타거라.

580장 유관순 추모 예배송(찬송)

삼천리 반도 금수강산 하나님 주신 동산
이 동산에 할 일 많아 사방에 일꾼을 부르네.
곧 이 날에 일 가려고 그 누가 대답을 할까.
일하러 가세 일하러 가 삼천리강산 위해
하나님 명령 받았으니 반도강산에 일하러 가세.

봄 돌아와 밭 갈 때니 사방에 일꾼을 부르네.
곡식 익어 거둘 때니 사방에 일꾼을 부르네.
곧 이 날에 일 가려고 그 누가 대답을 할까.
일하러 가세 일하러 가 삼천리강산 위해
하나님 명령 받았으니 반도 강산에 일하러 가세.

1983년 7월 이산가족 첫 방송

하늘도 울었다. 땅 또한 울었다. 피 솟구쳐 울었다. 가슴 아파 울었다. 눈감은 그 세월을 건너 죽었어도 같이 살자.

이 사람을 아시나요. 홍천 화촌땅 피난길 동백골 노란 봄바람, 산 위 올라 운무 낀 공작산 저 멀리서 총소리, 잔위병 빨갱이 소탕작전 아시나요.

그 형 이름은 김응호 그 동생은 김상호, 그의 외사촌은 항숙이 맞다 맞아. 거기가 어디래요. 강원도 기린면이래요.

하(河) 할머니

열일곱 꽃다운 나이
성노예로 끌려갔네.
부끄러워 못 오고
칠십년 악몽에서
아리랑 부르다가
어머니 나라로
훨체어 앉아 돌아왔네.

맹수의 먹잇감으로
천벌을 받을 놈들.

2015년 12월 성노예

韓-윤병세 日-기시다 후미오와 역사적인 타협, 한일 수교 50년 만에 성노예 문제를 아베측 명예와 존엄에 깊은 상처 반성의 마음을 표명하고 정부 예산으로 지원 재단 설립을, 소녀상에 대해서는 관련 당국과 협의 적절히 해결할지 미지수이나 향후 국제 사회에 재론치 않기로 자제해야….

위와 같은 결정에 위안부 노인들은 자기들의 뜻에 못 미침으로 반대한다고 하지만, 그러나 이제는 받아들이고 더 이상 논란을 일으키는 것은 정도가 지나치는 것 같다. 부끄러운 역사 뒤안길에 묻어버리자.

삼팔선

1945년 미 · 소 양국이 일본군의 무장 해제를 위해 북위 38도선 설정한 임시 분계선이 남북을 갈라놓은 38선이 되었다. 1950년 6월 25일 남침으로 38선은 없어지고 1953년 7월 27일 휴전협정으로 새로 설정한 휴전선이 군사분계선이 되었다.

6.25 전만해도 경제 · 문화적으로 북은 남한보다 우세하였으나 남북은 각기 다른 방식으로 경제 발전에 매진했다. 최근에 통계를 보면 모든 분야에서 남은 훨씬 앞서 북과 비교한다면 하늘과 땅 천양지차다.

북은 핵개발과 살생무기만을 만들어 군사적으로는 우세하다 하나 믿을 수 없고 삼부자 독제체제에 국민들은 기아에 힘들고 숙청이다, 공개처형이다 하니 김정은 스스로 자살 행위다.

국가와 민족을 위해 목숨을 잃은 애국 하신 님 보훈의 성지에 영원히 잊지 않고 고이 모시겠습니다.

今年은 분단된 조국 땅에서 민족의 비극 6.25 동란이 발발한 지 67년 되는 해이기도 하다. 3년간의 처절한 비극으로 수많은 인명과 재산을 잃고 남은 것이라곤 전쟁의 잿더미뿐이었다.

삼부자의 광견병(狂犬病)

판문점 도끼 만행
육영수 영부인 저격
칼기 폭파사건
아웅산 폭파사건
백령도 천안함 격침
연평도 기습도발
목함 지뢰사건
하늘이 용서 않을 것이다.

민족이 끈질긴 노력과 슬기로 이제는 세계 10대 강국으로 성장과 발전을 거듭하여 개방화, 세계화의 물결 속에 용솟음치고 있는 것이지만 아쉽고 염려되는 것은 세대가 바뀌어 갈수록 6.25동란의 참상과 값진 교훈을 까마득히 망각해지고 있을 뿐 아니라 이 땅에서 전쟁의 생생한 역사의 평가와 교훈 등이 미약하고 역사의 평가 기록이 없어져 우리 세대가 죽으면 전설로도 남지 않을 것 같다. 일본의 압박과 설움에서 해방되고 한국전쟁의 참상을 현대인들은 모른다.

나라를 지키려 목숨을 바치고 헐벗고 굶주림을 물리치려고 잿더미에서 재건하는데 8~90대가 산업화 시대에 뛰어들어 중추적인 역할과 주춧돌을 놓아 오늘날 풍요롭게 잘 살게 된 것이다.

그러나 북에서는 핵탄도, 미사일, 수소폭탄이다 운운하며 전쟁준비에 박차를 가하며 금시라도 전쟁이 날 듯 남남갈등을 일으키는데 정치권은 정쟁만 일삼고 사람들은 툭하면 거리에 나서 시위를 하니 일부 불순분자들의 소행이라고 보겠지만 남한에 간첩이 5만여 명이며 드러내놓고 하는 친북사상도 방방곡곡에 있으니 북의 핵폭탄보다 더 무서운 것은 내 이웃이 나를 해치는 자가 될 수도 있다.

핵폭탄을 머리에 이고 사는 우리 국민은 하나로 뭉쳐야 살고 국익을 위하는 일이라면 모두가 손을 들어 협조해야 된다.

태극기(太極旗) 존엄

태극기는 국가를 상징하는 것 두말할 나위도 없다. 국가에 경사 애사가 있을 때 전국 곳곳에 태극기가 게양된다. 태극기를 다는 시간과 하기하는 시간이 있다. 조기 때는 반기를 단다.

하얀 바탕에 청홍의 태극은 건삼련, 곤삼절, 감중련, 리허중 주역의 원리로 하늘과 땅, 음양천지 현황을 의미하는 것이다. 전 세계 나라마다 국기는 있지만 대한민국의 태극기야말로 아름답고 의미 있고 얼른 눈에 띄니 해맑은 모양의 기는 없다. 세계 어느 나라 기보다 우아하고 아름답다.

보름달이 중천에 떴을 때 대야에 물을 담아 거울을 가라앉히면 청홍의 태극 모양이 나타난다. 이렇게 신비롭고 태극기는 사람이 제작했다지만 하늘이 점지해주어 우주만물이 그 안에 살아 숨 쉬고 있다. 일본의 압박과 설움에서도 태극기를 보존하기 위해 땅에 묻고 천정을 뚫고 감추어 두었다. 3.1운동 만세에 일제히 나타난 태극기의 물결, 군중의 함성이야말로 태극 깃발의 힘이다.

애사 때는 조기(반기), 경사 때는 승리의 깃발(만기)로 우리 맥박과 가슴에 뛰고 숨 쉬었다. 조상들은 태극기를 분신같이 생각했고, 게양하거나 하기할 때 비 맞을까, 때 묻을까 잘 접어 국기함에 넣어 높은 곳에 보관하여 두었다.

그런데 근래에는 보자기 취급하고 휴지조각으로 여긴다. 국경일에도 아파트 몇 세대만 게양하고 관공서에서도 게양을 않는 곳이 있으니 참으로 안타깝다. 국경일이 제정되기까지는 많은 국민이 희생되고 피나는 노력과 연구로 이루어졌으며, 국기를 중히 생각하고 게양함으로 국민적 일체감 하나로 뭉쳐 웅비하는 민족적 모습을 보여야 한다. 애국심은 바로 태극기를 소중히 여기고 게양하는데서 발생하는 것이다.

태극기와 무궁화는 곧 국가이고 국민인데 잘 보관하고, 심고 가꾸어 국가 기강을 확립하고 자손만대 나라사랑 정신을 계승 발전해야 한다. 태극기를 올바로 다는 것만큼 폐기하는 것도 국기의 존엄성을 지키는 중요하기 때문이다. 오염된 태극기나 훼손된 태극기는 소각해야 한다. 어떻게 하면 될까, 물었더니 쓰레기봉투에 넣어 버리면 되지 않겠느냐고 되묻는다.

태극기 수거함을 설치했지만 쓰레기로 가득 차고, 악취가 나고, 쓰레기와 뒤섞여 있다고 한다. 태극기 수거함에 쓰레기를 넣는 몰지각한 사람도 있는가하면 서울시 광화문에 태극기 게양대를 설치하자하니 미관을 해친다며 반대하는 시장이 있으니, 과연 어느 나라 사람인가 개탄하지 않을 수가 없다.

각종 기념식 행사 때마다 손에, 손에 든 태극기, 식이 끝나면 사방 태극기가 나뒹군다. 이래서 되겠는가. 태극기 존엄성을 고취해야 하는데 반상회를 통하여 주지시키고 면, 동, 리에서 수거하여 관리함이 좋은 방법이라 생각한다.

태극기 수거함을 설치한다 하더라도 실용적이 못된다. 안내문을 보내며 태극기를 제대로 처리할 수 있도록 국가 상징인 태극기, 곧 애국하는 국민들의 마음이 더욱 간절하다.

행사 때마다 국기를 게양하고 애국가를 부른다. 1, 2, 3, 4절 끝까지 아는 이는 없는 듯하다. 유행가는 철저히 잘 부르면서 애국가는 무관심인 듯하다.

애국가

1
동해물과 백두산이 마르고 닳도록
하느님이 보우하사 우리나라 만세.
무궁화 삼천리 화려강산
대한 사람 대한으로 길이 보전하세.

2
남산 위에 저 소나무, 철갑을 두른 듯
바람서리 불변함은 우리 기상일세.
무궁화 삼천리 화려강산
대한 사람 대한으로 길이 보전하세.

3
가을 하늘 공활한데 높고 구름 없이
밝은 달은 우리 가슴 일편단심일세.
무궁화 삼천리 화려강산
대한 사람 대한으로 길이 보전하세.

4
이 기상과 이 맘으로 충성을 다하여
괴로우나 즐거우나 나라 사랑하세.
무궁화 삼천리 화려강산
대한 사람 대한으로 길이 보전하세.

삼일정신 언제던가, 정신 나간 요즘세상, 유관순 누나는 몰라도 마이클잭슨은 안단다. 조상님 용서하소서. 우리의 탓입니다.

벚꽃 지면 안타깝고 나라꽃 본척만척, 고층아파트 국기 몇 점, 축 처져 매달렸다. 슬프다. 아 대한민국 무심이 흐른 세월.

무궁화 나라꽃

여름날 아침햇살을 받으며 피어나는 일일화(一日花)지만 여름에서 가을까지 긴 기간에 계속 핀다하여 무궁화라 이름을 가졌다.

군자의 품격을 갖춘 나라라 하여 아름답게 피는 무궁화를 나라꽃으로 하고 애국가 후렴에도 무궁화 삼천리 화려강산 대한 사람 대한으로 길이 보전하세 하여 명실공이 국화이다.

일제시대 무궁화를 심지 못하게 하고 무궁화 캐낸 자리에 사쿠라를 심게 하였다. 1948년 정부가 수립되며 무궁화는 자연스럽게 국화로

정해지게 되었다.

우리나라 국가 상징인 무궁화는 생명체이다. 가장 오래된 나라꽃으로 피고지고 또 피고 끈질긴 우리 민족성을 닮았다.

그런가 하면 무궁화 품종은 100종에서 200종이 있다하니 나라꽃 위상이 떨어지는 듯한 기분이 든다. 고유 품종은 60종으로 분류하고 있다하니 꽃의 색과 형태가 다양하다. 무궁화는 꽃 중앙에 단심이라 불리는 붉은 꽃심이 있는 단심계, 순백색의 겹꽃에 단심이 없는 꽃, 흰색 꽃잎에 붉은 무늬가 가장자리에 있는 꽃, 단심은 꽃 색깔에 따라 백단심, 홍단심, 자단심이 있고 홑꽃, 반겹꽃, 겹꽃으로 다품종 다유형으로 구분된다. 이처럼 다양한 무궁화를 기준 없이 나라꽃 국가 상징으로 해서는 안 된다.

나라꽃으로 할 기본적인 형이 있어야 한다. 오천년 동안 우리 토양에 피어온 무궁화 기준목을 설정하여 나라꽃 사랑으로 하나 되는 국민적 정서가 함양되어야 한다. 민족의 얼 무궁화꽃 무궁화동산을 조성하여 축제를 하고 애국정신을 고취해 자라나는 청소년 가슴에 나라꽃 사랑을 심어주어야 한다.

우리 국민 모두가 추앙받는 나라꽃 사랑하기를 바라는 마음 간절하다.

둥굴레는 고마워

둥굴레는 우리 주변과 야산에 군락을 이루고 번식한다. 둥굴레는 이른 봄에 마늘촉같이 뾰족이 나오는데 어린순은 나물로 먹고 뿌리는 희며 연필 굵기만 하고 옆으로 뻗으며 연필 길이만 할까. 맛은 단맛이고 채취 시기는 봄에 싹이 뾰족이 올라올 때 또 늦가을에 채취하는 것이 좋고 줄기는 크지 않고 꽃은 두 개씩 쪼로롱 아래로 매달려 유백색의 방울같이 줄기에 마디마디 죽 달린다.

둥굴레는 옛날 어려운 시절 채취하여 양식을 대용하고 구황식물로 먹었고 가마솥에 둥굴레, 물긋, 쑥을 넣고 푹 끓이면 조청같이 끈적끈적 들큼하며 먹을 만하고 끼니를 때웠다. 그 영양가는 알 수 없으나 몸에 좋고 지금으로 말하면 웰빙식품일 것이다. 지금은 둥굴레를 채취하면 적당히 말려 노릇노릇 볶아서 둥굴레 차를 선호하지만 옛날같이 흔하지 않음으로 중국산 둥굴레를 구입하게 된다.

이와 같이 둥굴레는 어려운 시절 고마운 구황식품이었고 지금은 차로 선호하고 있으니 구수한 둥굴레차를 마시며 둥굴둥굴 가족과 이웃과 함께 잘 지냈으면 한다.

데릴사위와 민며느리

조선시대를 거쳐 일제강점기에도 이어져왔는데 가난한 시절 화전민들 중에도 데릴사위를 맞아들여 일꾼으로 부려먹다가 나중에 분가를 시켰다. 노총각은 어린 색싯감을 바라고 고달픈 머슴살이를 해야 했다. 그래서 겉보리 서 말만 있어도 처가살이를 안 한다는 말까지 있다. 세월이 많이 달라져 데릴사위란 이름은 사라졌지만 지금도 부유한 처갓집에 묶여 사는 사위들이 있으니 데릴사위와 다를 바가 없다.

민며느리, 딸을 민며느리로 보낼 때는 입이라도 덜자는 것이고, 민며느리로 들어가 배곯지 않고 살라는 부모의 애절한 선택이다. 민며느리를 맞이하는 총각집에서도 어린 여식을 데려다 키워서 며느리로 삼으니 그동안 많이 부려먹고 어린나이에 시집살이 아닌 시집살이로 불안한 나날일 것이다.

그때 가난한 시절 딸을 팔아먹기도 했다. 곡식 몇 가마 또 터도지를 바치듯 연년이 도와주었다. 이때는 부모들이 결정에 따랐다. 남자 나이는 노총각, 여자 나이는 어린이 연하연상의 나이 차이는 어울리지 않았다.

그런가하면 남자나이는 어리고, 여자나이는 과년하여 결혼을 시켰다. 꼬마 신랑은 어린애 같이 말썽이었다. 하루는 시부모 없는 틈에 신랑이라는 자가 역시 말썽을 부려 지붕 위에 던졌다. 그러자 외출했던 부모가 너 왜 지붕 위에 올라 있느냐 하니 호박을 따려고요 하면서 요거 딸까 조걸 딸까 하니 쫓겨날 뻔했던 아내가 어린 남편이지만 심중이 깊어 잘 공대했다는 말이 있다.

충청도로 이사

1938년 9월 3일 평안남도 순천군 사인면 안국리서 출생, 충청북도 청주 청원군 남이면 방정리 방정부락 대머리로 칭호하여 청주 한씨 시조 난(蘭)으로부터 32세 후손으로 족보에 등재한다.

조부께서는 정감록(鄭鑑錄) 예언을 믿으며 1910년 한일합방 후 왜 정치하에서 살았고 정감록 예언에 의하면 장차 북(北)은 오랑캐 놈들이 점령하고 공산 치하되면 자유와 인권이 박탈당하고 전쟁이 발발하기 전 남하(南下)하여 충북 속리산, 충남 계룡산 100리 안에 살아야 피난한다고 짐을 꾸렸다.

그러나 평양서 충청도까지는 너무 장거리라 도중하차, 강원도 홍천 서석 어론리에 짐을 풀었다. 그때 식솔은 조부모, 나의 부모 또 숙부 내외 모두 일곱 식구였다. 식구들 나이는 30, 40대였지만 먹고사는 문제가 막연하고 본토백이도 자급자족을 못하는 상태고, 사람들은 무식하고 아편쟁이가 많았다. 이때 북(北)쪽은 남(南)쪽보다 유식하고 잘 살았다한다. 아버지는 이곳서 못 살겠다 하며 혼자 북으로 들어가셨으나 다시 나와 살면서 돌팔이 치과를 했다. 언제 어디서 배웠는지는 몰라도 생계 도움이 되었는지, 그러다 징용으로 동원되어 다시 돌아올 수 없는 어언간 60년 생사도 모른 채 가족들은 오늘일까 내일일까 기다림에 가슴속 멍들은 채 천국으로 가셨다. 이제는 나 혼자 남아서 회고록을 쓰며 고독을 삼킨다.

2016년 9월 3일 80(산수) 문집을 쓰며

3번째 이동, 1954년 충북으로

해방을 홍천 서석에서 맞이하고, 6.25는 홍천 화촌에서 겪고, 해방 후 7년 동안 전쟁과 기근과 혼란 속에서 9사1생으로 살아남아 충청북도 청원군 미원으로 이삿짐을 꾸린다. 미원에는 고모님이 계셨고, 강원도서 충청도까지 오자니 짐차를 불러야했다.(군용트럭 개조)

이삿짐이라야 잡곡 두어 가마니 부엌살림, 농짝, 농기구라야 호미, 괭이, 삽, 마당비까지, 기왕 차를 대절했으니 다 실었다. 그리고 식구들은 짐 실은 위에 앉아 40km 느린 속도로 자갈길을 1차선으로 오다 비킬 수 없으면 어느 지점에 상대방 차가 지나갈 때까지 기다린다. 홍천서 원주까지 오는데 하루가 걸려 왔는데 고장이 나 수리해야 간다고 한다. 부속도 없고 공장도 없으니 차주가 정비하는데 5일이 걸려 그간 원주 시장 여인숙에서 잡상인들과 합숙을 한다. 당시 원주 시장이라야 군수물자, 구호물자 일색이다. 전쟁으로 폐허된 곳에 시장이 제대로 형성될 리가 없다. 지루한 5일 원주를 출발, 충북까지는 몇 백리인지 몰라도 하루 종일 걸려 도착 짐을 내렸다.

이곳으로 이사한 것은 고모님이 계신다는 연고일 뿐, 대책이나 계획도 없다. 일곱 식구가 살아가기는 마땅한 벌이가 없다. 품을 판대야 농사일 뿐, 하루 품값은 쌀 3되, 3일을 일해야 쌀 1말을 받는다.

할아버지는 50대였으나 한학으로 유식했으나 훈장 선생 경험이 있을 뿐이고, 두 며느리와 할멈만 바라보고 생활능력이 없다.

농촌으로 들어가 농사하는 일이 좋겠다 생각한다.

4번째 이동, 1954년

해방과 6.25 그리고 1.4 후퇴까지 홍천서 겪고 구사일생(九死一生)으로 살아 산 사람은 살겠다고 징용 간 아버지와 난리 상처로 사별한 숙부를 강원도 홍천에서 生死 이별을 뒤로하고 1954년 충청도로 이사한다. 이사한 지 1년 만에 생계 막연하여 또 본면 장터로 이사한다.

냉면 영업을 시작했으나 성업을 이루지 못했으니, 대중 음식이 아닌가보다. 영업이 될 수 없는 것은 면소재지 인구가 적고 모두 살기가 어려우니 돈이 없다. 5일장을 하루 봐서 꾸려나간다. 시골 사람이 장보러 와서 익히 먹는 것은 순대국밥이고 막걸리 1잔 걸치면 대박이다. 아낙네들은 장터국수 그것도 아니면 굶어서 돌아온다. 그런 실정에서 냉면 영업이란 가당치않다.

냉면을 만들려면 메밀쌀을 내어 디딜방아에 빻고 또는 맷돌로 갈아 체로 쳐서 분말을 내어 반죽하여 분틀(냉면틀)에 넣어 사람이 압축하여(지렛대 응용) 국수를 뺀다. 이와 같이 번거롭다. 60, 70년대의 방법이고 지금은 모르겠다.

더 할 수 없어 접어두고 찐빵장사로 창업을 한다. 웃장터는 시모가 아랫장터서는 두 며느리가 같은 장사를 한다. 그것도 현장에 솥을 걸고 쪄내야 하는데 집에서 가내식품으로 제빵하여 내다 놓으니 때깔과 풍미가 없어 판매가 부진하니 이익은커녕 부도가 나 폐업하였다.

목구멍이 포도청이란 말이 있다. 목구멍에 풀칠하는 것도 중하지만 난방 땔감도 있어야 한다. 1950년대는 산에서 나무를 했다. 방에 불을 때 난방을 했다. 산에 가서 나무를 해 머리에 이고 와 땔감을 해결한다. 산이 민둥산이라 나무도 없지만 산 주인에게 들키면 낫을 빼앗기고 창피를 당한다. 구사일생으로 살아온 것이 행운 아니고 불행이다. 다시 돌아올 수 없는 불귀의 사내들은 알까? 나라 뺏긴 서러움을, 전쟁으로 가신 사내들 원망 할 수도 없고, 그래도 산다는 것이 감사할 뿐일까?

*1950년대 디딜방아로 빻고 또는 맷돌질을 하여 메밀가루를 체로 쳐서 냉면재료를 만드는 장면. 그리고 냉면을 빼는 분틀(분틀 : 반죽을 넣고 공이로 끼워 사람이 누르면 밑으로 면이 나온다. 솥의 끓는 물에 면이 익는다.)

맷돌

디딜방아

장장하일, 땡볕 12시간 노동 품값은 쌀 3되 3일을 품 팔아야 쌀 1말이다. 돈으로 따지면 3천원이다.

전쟁의 산물이라 누구를 탓할 수도 없다. 나만의 처지가 아니고 대다수 국민들의 질서가 안 잡혔을 것이다.

지인의 소개로 할 수 없이 농촌으로 간다. 떠돌이 난민들 집단촌 개인소유가 아닌 권리금을 주고 가대를 인수하여 농사를 하게 된다. 농촌에 살게 되니 하루하루 걱정은 덜되기 때문이다. 그때 어른들을 생각하면 가슴이 미어진다. 있을 때 잘할 걸, 지나간 후면 애달파 어이하리.

일제와 한국전쟁 가난을 지고 떠돌이 난민 가족들

5번째, 1955년 봄 괴산군 청안면 백봉리

지인의 소개로 난민이 모여 사는 산골 가대를 구입하여 농사를 시작하게 된다. 소달구지에 일제와 한국전쟁의 고난을, 그리고 가슴 아픈 사연을 싣고 신작로 자갈길 열티 고개를 넘는다.

대자연은 혼란 중에도 어김없이 따뜻한 봄, 진달래꽃봉오리 벙글고 민들레 활짝 나비춤을 즐긴다. 나는 종종걸음으로 뒤따라간다. 달구지를 끄는 황소는 식식 숨 가쁘게 고갯길을 오른다. 힘든 모양이다. 달구지에 실은 이삿짐은 가난만 가득 잡동사니다.

열티 고개 내리막길 구방리 지나 거리고개 움푹 파인 울퉁불퉁 험한 길 묵묵히 끄는 소가 안쓰럽다. 얼마를 갔을까, 백봉리 마을길로 접어든다. 또 한참 가는 개울가에 짐을 내린다. 마을 사람들은 지게를 지고 몇 번씩 오르막길 끝집 우리가 살아야하는 귀틀집이다.

밭에 옥수수는 키가 자라고 빨간 수염 뱃속을 들여다본다. 감자꽃 피면 계란만한 감자알을 품고 있겠지. 옥수수는 키를 키우며 우쭐대는데 사람 키는 클 줄 모른다.

일제 때 숟가락 놋그릇 쇠붙이 모두 탈취해갔고, 아버지는 강제노역으로 생사를 모르고, 숙부는 인민군을 피해 다니다 불구로 병사하니 가정도 무너지고 국토도 폐허되어 가난에 가난을 더하여 할머니는 눈물의 세월이고 어머니는 나물 뜯기 바쁘다.

소달구지

6번째, 1955년

괴산 청안 백봉리 소재 청원 마원 연초 조합 소유 땅, 유년 시절도 아니요, 소년시절도 아니요, 청년 시절은 더더욱 아니다. 유년 시절에서 10년 동안 파란곡절의 시절을 보낸다. 전쟁은 피할 수 없는 일이지만 개인은 자유로 살아야한다.

그러다 보니 산림법 위반으로 산림계 출두를 하고 어른들의 일이지만 귀틀집(토막집) 두 번이나 졌고, 이사도 여러 번 옮기고, 그동안 경작한 소유권을 승계해달라고 관계 재단을 찾아갔다. 내 개인의 일이 아니고 몇 세대를 대표하여 갔다. 약자인 우리의 결과는 뻔하다. 더구나 소년의 어린사람이 용감하게 찾아간 것이 장할 뿐이다.

그 후 모두 떠났다. 나도 떠났지만 그곳에 팥을 심었다. 농작물을 심어 자라는데 어느 누구도 파헤쳐 버릴 수 있는 권한은 없다. 이와 같이 3년 동안 무료로 농사하고 권리금을 주고 들어갔지만 권리금을 받고 타에 양도 못하고 내버리고 떠났다.

전쟁으로 전전하는 난민들 쨍하고 햇빛들 날 돌아올는지, 예나 지금이나 흙수저는 금수저에게 또 모든 권리 앞에서 흙수저일 뿐이다.

아이들은 나물죽이라도 배터지게 먹었지만 감자알이 굵기도 전에 파보고 옥수수 여물기 전에 비집어 보며 햇곡식에 목숨을 건다. 학교도 중단하고 연필 대신 호미 들고 생존에 나선다. 화전밭을 일구며 돌을 주워내며 한 치의 땅이라도 넓혀 가난을 몰아내고자 그 시대의 비참한 삶, 강원도서 6.25전쟁 겪고, 비행기 폭격 구사일생으로 살아왔지만 전쟁보다 못지않은 가난이었다.

군청 산림계에 출두하다

산림을 훼손했다하여 고발당해 괴산군청 산림계로 출두했다. 밭머리에 나무를 베고 밭을 만들려고 했기 때문이다. 각 곳에서 여러 사람이 와서 조사를 받는다. 나도 그 중 한사람으로 떨리는 마음으로 지켜본다.

"이름이 뭐야? 어디서 왔어? 얼마나 베었서?"

"저기 가서 손들고 꿇어앉아."(골마루 바닥에)

어떤 이는 서로 마주서서 보고. 10대씩 때리라 한다. 내 차례다. 차려 자세로 섰다.

"너는 뭐야? 왜 니가 왔어?"

"제가 했습니다."

"할아버지가 와야지."

"거동이 불편하십니다."

"학생이야?"

"예."

"가거라."

"예."

뒤도 안보고 도망치듯 나와 30리 길을 걸어 집에 왔다. 벌을 받을 사람이 상을 받은 기분으로 풀려났다. 1950년대는 그렇게 유치했다.(산림단속, 밀주단속 닭 잡고 술 받으면 무죄.)

춘궁기는 그 시대의 대명사

보릿고개는 양반이지, 보리죽이라도 먹으니까! 지방에 따라 더 어려운 곳에서 굶어 죽는 사람이 비일비재였으니. 산모가 출산을 하여도 미역국을 못 먹고 뜨거운 물을 마셨다 하니 얼마나 비참한 일인가. 지금 사람들은 상상도 못할 일이지. 오늘에 사는 사람들은 얼마나 좋은 세상에 사는가를 느끼지 못한다.

점심도 변변치 못했는데 저녁 끼니 걱정이다.

요즈음은 외식을 하는데 좋은 곳을 골라 찾아다닌다. 몇 100리길 멀다 않고 산해진미 입맛 따라 간다.

요사이 의식주 생활이 풍부하다보니 귀한 것을 모르고 아낄 줄을 모른다. 당시의 현실을 이야기해서 무엇 하겠는가.

소를 잡아가 빈 외양간 모습

우물 안 개구리가 넓은 세상 돌아가는 것을 모르면서 아는 척 하지 마오.

8~90대 노인들은 해방과 전쟁을 겪고 불행에서 행복으로, 즉 고진감래라 못 살아도 의식은 걱정 없으니 천지개벽 좋은 세상에 산다는 것을 우리는 생각하게 된다.

전쟁은 가난

어느 겨울밤 소 한 마리 없어졌다. 온 마을 사람들이 주변을 샅샅이 뒤져보니 근처 계곡에서 소를 도살했다. 범인은 빨갱이 소행이라 추측된다. 빨갱이는 인민군 잔위병이 북으로 도망가는 중 도둑질을 하며 먹고 입고 숨어서 월북했다. 구사일생 고난 행을 하는 인민군 패잔병이다. 그 당시 지방 빨갱이가 많아 그들이 도둑놈이고, 그 지역 실정을 잘 알아 쉽게 절도 행각을 하며 사회 불안을 일으킨다. 치안 체계가 잘 안 되고 범죄 무방비 상태다. 외딴집을 철거하여 집단 부락을 만들어 야방을 돌며 집과 집 사이 줄을 늘여 깡통을 달아 유사시 흔들어 긴급상황을 전달한다.

자기 농토 가까이 지은 집을 뜯어 옮기는데 불과 두어 달 만에 집단 부락이 생겼다. 난리통에 임시 거처로 지은 귀틀집, 통나무로 방 모양을 쌓아 그 틈새를 흙뭉치로 막고 바르면 방이 되고 집이다. 온 부락민이 합심하여 닷새에 집 한 동씩 지었다.

없이 살았지만 이웃은 정감 있고 서로 도왔다. 제사를 지내 밤중이라도 깨워 음식을 나누고, 정말로 이웃사촌이란 말이 실감난다. 그러한 인심이 경제발전과 풍요로운 세상이 인심을 가난하게 하고, 낭비와 비인륜적이며 사건사고의 뉴스가 화면을 차지하고, 남을 배려않고 자기 위주로 편하고 유익을 추구하는 이 시대 사람들, 조상 어른들이 오늘의 경제발전에 초석임을 알아주었으면 한다. 우리 나이 사람들은 정치, 경제, 도덕, 사회가 너무 혼탁하고 무질서하여 앞날이 크게 걱정된다.

충청북도 미술대전 1등

친구들 서너 명이 나를 찾아왔다. 내일 미술대회가 있으니 선생님이 너 꼭 데리고 오라고 나를 끌었다. 나는 말했다. 아무런 준비도 없고 연습도 없다며, 갑자기 전시회 나간다는 것은 입상보다는 참석의 의미가 있지 않을까. 선생님은 한 반 학생 크레용을 빌려주었지만 부러지고 구색도 맞지 않는다. 그것도 삼촌이 일본서 보내온 것이라 한다. 대회 전날 선생님들과 30리 길을 걸어 아는 선생 댁에서 먹고 자고 이튿날 일요일 집회장소로 가 등록을 했다. 각 예능별로 운동장에 모이니 운동장이 꽉 찼다.

그때 떨렸다. 미술부, 작문부, 습자부 각 교실로 들어가고 미술부는 운동장 가장자리서 소재를 정하여 최선을 다해라 말하였다. 나는 자리를 잡았다. 인근 마을 풍경이었다. 수양버드나무에 노적가리를 쌓고 초가집과 기와집 고샅길도 멋스럽게 표현했다. 일요일이라 어른과 학생들이 몰려다니며 저쪽 학생이 참 잘 그려 하며 잡음이 많다. 나는 입상을 바란 것이 아니니까 마음 편히 끝까지 최선을 다하고 맨 나중에 제출했다. 그러고 나니 마음이 후련하다. 알고 보니 선생님도 작품을 낸 모양이다.

바로 오후에 심사를 한다. 칠판 가득 세워놓고 가려낸다. 또 세워놓고 가려낸다. 이제 최종 심사를 하는데 10장을 세워놓고 또 떼어내고 마지막 3장 남았다. 그 중에 내 작품이 있다. 나는 밖에서 창 너머로 본다. 그런데 3장을 심사하는데 많은 시간이 걸린다. 나는 3등은 하는가 보다 하니 마음이 놓인다. 시상식을 한다. 그런데 "1등!" 하더니 "한영필!" 한다. 꿈인 듯싶었다. 그리고 선생님들 시상식을 한다. 그런데 "1위!" 하더니 왕철수 담임선생님을 호명한다. 사제 간 1등을 하니 더 바랄 것 뭐 있겠는가. 제자가 1등을 하니 선생님은 뛸 듯이 기뻐한다. 신작로로 산고개로 지름길로 도착하니 첫 시간 수업을 하는데 전교생을 운동장에 다시 집합하여 시상식을 또 한다.

교장선생님께서 치하를 하고 부상으로 학용품을 받았다. 점심시간에는 사친회장님이 오셔 칭찬하시며, 개교 이래 이런 영광은 처음이라고 모든 선생님들도 덩달아 또 기뻐한다. 그 후 내 작품은 청주에서는 낙선되었다. 교내서는 서예, 미술, 작문은 항상 우수작이었지만 선천적으로 타고난 재주는 아니고 노력하기 때문이다. 공부하는 환경도 아니었다. 농사일을 도와야 했다.

우리 때는 중학교 진학은 30%도 안 된다. 어느 날 중학교에 진학한 친구가 찾아왔다. 부모의 허락을 받았으니 우리 집에서 함께 학교 다니자, 불타는 향학열에 그 친구의 의견을 따랐다. 그러나 학비, 식비가 문제가 되었다. 그때 주식은 납작보리쌀, 쌀은 약간 넣고 반찬은 배추김치, 고추장, 콩나물국이다. 이런 식단도 기다려지고 꿀맛이었다.

식대를 대지 못하고 미안하여 독립하여 나간다. 청주 모충동 피난민 수용소 산1번지 비탈길 흙벽돌집 침대 하나 놓아질 작은 골방, 취사도구로는 풍로, 냄비를 준비하고 땔감은 시내 제재소를 다니며 구하고 좁쌀로 밥을 짓는다. 반찬도 없이 부실한 식생활에 영양실조와 속병이 생겨 침을 맞으며 뜸을 떠가며 독거하며 치료를 했다. 배움을 포기하려 했지만 또 친구의 덕으로 엉터리로 영화고등 축산과를 입학하여 졸업은 못하고 청운의 뜻을 품고 고모부 지인을 통하여 상경한다.

이태원에 집주인 아들 김교업이란 같은 또래와 한 방을 쓰며 수동으로 연탄도 찍었다. 고향 국회의원인 신정호 의원님께 취직을 부탁하고 기다리며 서울동의전문학교에 입학하고 주경야독을 한다. 이태원 해방촌 가짜담배 가내공장을 하는 집단촌이 있다. 한 보로는 30곽이다. 건설, 공작, 샛별 등이며 1갑 가격은 40원, 판로는 만리동, 청파동, 원효로 등지를 다니며 팔았다. 청파동, 만리동에서는 마차꾼들이 짐을 실어 나르는 조합원들을 상대로 담배를 파는 것이다. 노상에는 팥죽을 팔고 꿀꿀이죽을 파는데 1사발에 200원, 재수 좋으면 고기도 들어있고 여러 가지 맛이다. 때로는 담배꽁초도 들어있어 뱉어내기도 한다.

미군부대서 나오는 짬밥. 돼지먹이라 하여 꿀꿀이죽이다. 기다리는 사람도 없는 저녁, 기숙사도 아닌 교실 한구석에 의자를 맞대고 두 사람이 담요 한 장으로 잠을 자야 한다. 그것도 잠시 중구 저동에서 이태원 삼각지 공병우 안과로 숙소를 옮겨 비슷한 생활을 하게 된다. 공병우 박사는 최초로 타이프 타자기를 발명한 사람으로 안과병원보다는 발명에 더 힘을 쓰는 사람으로 재력도 있는 분이다. 그러나 나에게 관계없는 일이다. 그때 내 나이는 21세, 군인 영장도 받고 귀향하게 된다. 고학을 해서라도 공부한다고 고등학생 모자를 쓰고 행상하며 고생하하였으나 청운의 뜻을 이루지 못했다.

가난한 시골 농촌에서 서울 가 유학한다고 주변사람들에게 부러움의 대상이었지만 성공을 못하고 조부모님, 어머님 그리고 동생들에게 죄송한 마음뿐이다.

1957년 청원군 미원면

30여개 리와 150여 개 자연부락 단위로 나누어져 있다. 내가 사는 마을 압실 부락은 30여 세대 청소년은 어림쳐도 20여 명. 주로 밭농사를 하며 낙후된 마을이었다.

청소년 구락부를 조직하고 지, 덕, 노, 체(知德努体) 심신연마로 보다 나은 농촌계몽과 지역사회 개선과 영농방법연구로 봉사도 하며 어른들까지 협조하여 단합과 친목을 도모하고 부업을 찾았다.

공동으로 마을일을 돕고 퇴비증산운동으로 모범상을 받아 비료도 공급받았고, 마을회관을 건축하고 공간을 이용하여 탁구대도 놓고 태권도도 지도하였다. 60년대 농산물 품평대회 수상도 했고 웅변, 글짓기 등 문화 행사도 동참하여 수상도 많이 했다.

30여 세대 중 10여 세대가 강원도서 피난 도중 이곳저곳 전전하다 이곳에 정착하여 야산을 개발하여 옥수수 기타 잡곡을 수확하여 가정경제가 나아지고 따라서 마을도 부촌과 쾌적한 환경에 살았다.

첫사랑

꿈도 계획도 없이 / 지나간 소년 시절 / 실낱같은 그리움을
마음속에 매날고 / 추억만 / 살아남아서 / 차곡차곡 쌓이네.

흘러가는 구름은 / 수시로 바뀌어도 / 다시 돌아올 수 없는
한 포기의 수채화 / 백봉교 / 철부지 첫사랑 / 짝사랑이 그리워.

서로 약속은 없지만 / 설레는 가슴은 하나 / 사연을 모르지만
진천으로 한 가족 / 보고파 / 저 하늘 아래 / 안개만 자욱하네.

반세기 아련한 세월 / 무어라 할까나 / 검은 머리 파뿌리
깊게 파인 주름골 / 흑진주 / 거울 앞에선 / 네 모습이 내 모습.

하나님만 받아줄 자화상. 남겨놓아야 할 따뜻한 마음들, 마지막 낙엽처럼, 외로운 동물처럼, 어느 날 아련하게 남아 되새기는 그리움, 첫사랑은 찾지 않는 것 먼발치서 축복하며 그리워하는 것, 시간을 등지고 돌아서 침묵으로 기도한다.

7번째, 1957년

청원군 미원면 기암리로 이사한다. 청천 양로원에서 관리하는 임야 약 10만평을 개간하기로 하고, 8세대가 집단으로 이주한다. 당시 농기구라야 괭이와 호미, 낫인데 풀뿌리를 캐고 나무뿌리를 파서 밭을 만든다. 온 식구가 달라붙어 죽기 살기로 일하고 품앗이도 하며 날마다 밭을 일군다. 각기 구역을 나누어 네것 내것 경계를 정한다.

물론 개인 소유로는 등기할 수 없고 도지를 내는데, 그 수익은 양로원 운영비로 쓰인다. 이삼년 동안 농사를 잘했는데 60년대 들어 농가 고소득 작물로 양잠을 해야 된다고 정부서 양잠을 장려하는 운동이 벌어져 뽕나무를 심게 되어 이 구역이 특설지구로 선정되어 15만주를 심게 되고, 그때는 담배 농사가 소득 작물로 가을에 수납하여 빚을 갚고 애경사 큰일도 치렀다. 그런데 담배 경작자와 양잠농가와 찬반 논란이 된다.

담배 니코틴이 뽕잎에 묻으면 누에에 해가 되므로 100m 안에는 담배 농사를 지어서는 안 된다는 당국의 고지였기 때문이다. 그러나 서로 이해하고 상부상조하기로 했다.

그리하여 잠업농가 대표로 수원농대 양잠과 교육을 받고 농촌지도자로 활약을 했다. 소득작물로 장려했지만 말과 뜻대로 되지 않았다. 특설지구 양잠농가 모범이고 지도자라 하여 청주 방송국에서 나와 라디오 인터뷰도 하여 견학 오는 농가 성공사례 서신도 오고갔다. 지금 같으면 전화상담 홍보책자도 여러 가지 통신수단이 있겠지만 그때는 그러하지 못했다.

양잠에 대한 수필도 쓰고 표어도 지어 충북도서 2위를 했다.

> 하고 많은 농사 중에 누에농사 으뜸일세.
> 우리 엄마 누에 길러 보릿고개 문제없다.
> 뽕 심었다 자랑 말고 거름 주어 바꿔보세.
> 저 언덕 푸른 상전 이웃이 살찌고 국가경제 이룩한다.
> (그 중 일부)

새마을 운동으로 농촌은 변화하지만 양잠도 축산도 농가소득은 올리지 못했다. 통일벼 장려로 쌀 수확이 많았고 밀가루 막걸리서 쌀막걸리로 바뀌고 6분도 도정이 8분도 백미쌀로 변신했다.

영농자금은 쓰지만 푼돈으로 막걸리 자금이란 별명도 생기고 빚으로 남게 된다. 정든 땅과 시설을 뒤로하고 이농을 하게 된다.

나는 박정희 정권 때 야산을 개발하여 밀가루 보조도 받고 많은 농토는 여러 사람에게 소작을 주고 소도 10여 마리 되어 촌부자라고 하였다. 그동안 전쟁과 가난 속에서 전전하며 살아왔지만 온 식구들이 가난을 밀어내고 근검절약하여 모은 재산은 어머니의 뼈골의 진을 빼고, 피와 땀의 소산이었다. 그러나 촌에서 재산증식은 한계가 있었다.

어머니 50세 되면 일손 놓으시라고 마음먹은 것은 약속대로 되었지만 내가 대전으로 이사하여 자영업을 하다 보니 손자 기르고 마음고생은 여전하시었다.

말로만 효심인 척하였다. 손자도 학교로 가니 독거로 사는 날이 많았고 아주 노후에 내가 모셔 임종은 하니 그나마 후회가 덜되었다.

1959년 육군에 입대하다

초등학교 동문인 친구가 입대 날을 앞두고 찾아왔다. 입영영장을 받아들고 군대를 가야하나, 아니면 다음에 갈 것인가 망설였다. 그런데 찾아온 친구가 너무 좋아 같이 갈 것으로 결정했다. 이날부터 그 친구 뒤를 꼭 붙어 다녀 훈련소 28연대 같은 소대 의무병과로 마산군의학교로 10618060 군번으로 끊어 극적으로 한 소대원이 되었다. 한 잠자리로 2개월 교육과정을 마치고 부대 배치를 받을 때 헤어진다.

엄마를 떨어지는 심정이었지만 군대이기 때문에 할 수 없었다. 그는 후방 육군병원으로 배치될 것으로 추측되지만, 나는 의정부 101보충대로 배치 받아 잠시 대기병이 된다. 대기병들은 빨리 팔려나가는 것을 바라며 유언비어 온갖 말들이 무성하다.

3일 동안 대기하던 날 호명을 한다. 나와 3명이 트럭에 올랐다. 처음 만난 사람들이지만 금세 의지가 된다. 행선지도 모르고 4월 이른 봄 날씨는 쌀쌀한 저녁 어두움이 엄습한다. 산으로 골짜기로 달린다. 산불은 여기저기서 타 오르고 컴컴함 부대로 들어간다. 신병을 받는다고 바케스에 밥을 준비해 놓은 모양이다. 선임자들이 많이 먹으라고 권한다. 피교육 4개월에 식사양이 부족한 건 사실이었다.

아침이다. 5757 서치라이트부대 경기도 포천군 운천면 주변이 서글프다. 마치 시집 온 색시가 모두가 맘에 안 든다고나 할까. 나는 의무병과라고 의무대를 희망했다. 의무장교가 아니고 선임하사였다. 사과상자를 포개놓고 약품을 진열했다. 약품이라야 소화제, 알코올, 진통제, 붕대 정도가 전부인 것 같다.

〈군의학교는 무학산 정기 받아 이룩한 터전 가포바다 넘실넘실 물결을 따라〉 군의학교 교가 일부다. 수천 명 수용해 있는 병력인데 생활용수가 없어 어려움이 많았다. 나는 선임하사 연락병으로 편한 생활을 하고 피교육자로서 본부에 가서 그림을 그리게 된다. 서투른 솜씨에 차트를 그리고 교육교재를 그려야 했다.

1960년에 자유당 정부의 3.15 부정선거를 치르는 과정에서 김주연 학생이 희생되어, 학생과 시민이 다시 항쟁하여 4.19혁명이 일어났다. 이 무렵 나는 마산을 떠나 1군사에 근무했으나 동료 한 사람은 서울지역 파견 근무 중 사망하였다.

3.15 부정선거는 투표용지가 무더기로 나왔고 유권자 수보다 기표수가 더 많아 유례없는 부정투표를 했다고 본다. 그로 인하여 1960년 4월 26일 이승만 대통령은 대통령직을 사임, 하야하고 허정이 과도 내각을 구성하여 정권을 인수했다.

근무인원은 4명이고 할 일도 없다. 하기야 써치라이트 독립중대 150명이라 한다. 기대가 크면 실망도 크다는 말 실감이 난다.

나는 전출할 마음을 먹고 육본 원스타(one star)에게 육군 병원으로 보내달라고 청탁을 했다. 군의학교를 나오며 병원으로나 사단의무대로 가는 줄 알았다. 그러던 중 카츄샤 차출을 받는데 이것은 육본에 부탁한 것과는 무관한 것이다. 복무카드를 들고 집결 장소로 간다. 모두가 희망하여 빽으로 온 사람들 같다.

카츄샤 차출되었다하니 모두가 부러워했다. 호명되기를 기다리는데 한영필 호명하더니 의무병이기 때문에 원대 복귀하라는 말, 청천병력이다.

나는 복무기록카드를 받아들고 귀대할 생각하니 지옥이다. 고민하다하다 귀대가 아니고 귀가하였다. 탈영한 셈이다.

탈영 15일!

15일 동안 집에 있다 보니 이 또한 지옥이다. 너무 괴로워 부대로 편지를 했다. 답장에 탈영보고 안했다며, 휴가증을 보내니 귀대하라고 하여 바로 귀대하여 부대 도착했으나 내무반에 들어가기가 저승길 같아 어두울 때까지 기다려 들어갔다.

모두 환영했다. 벌 받을 생각하니 걱정된다. 선임하사 말이 중대장이 사병들을 직접 체벌하니 나는 너를 용서한다. 중대장실에 들어갈 때 내복을 두텁게 껴입고 들어가라 한다. 무슨 말인지 알 만하다.

빳따 100대

중대실에 갔다. 일언반구 말도 없이 엎드려뻗쳐! 100대까지 센다. 퍽, 하나, 퍽, 둘, 퍽, 셋, 넷… 죽는 소리로 65대까지 세었다.

"독한 놈 내 팔이 아프군."

곡괭이 자루를 내던진다.

육사 출신으로 원리원칙으로 통솔하니 지독한 중대장으로 호가 났다. 충북 제천 출신으로 이름이 지동운이다. 그래서 이름대로 지독한 중대장이라는 별명으로 부른다.

벌을 받고 내무반에 들어왔다. 모두 다 내 모습을 보고 배치가 따뜻한 곳으로 자리를 해주고 밥까지 타오며 빨리 회복되기를 바란다며 도와주니, 위로되며 정상 근무에 힘을 얻었다.

그런데 이번엔 카츄샤 지명 특명을 받는다. 중대장께 보고하니 특명을 취소하라 하니, 인사계 말이 지명 특명이라 곤란하다하여 1년 여 만에 그 부대를 떠나게 된다. 알고 보니 1군 안에서 제일 좋은 부대라 소문나고 나도 그렇게 생각되었다.

전에 있던 김대위 중대장은 사병막사에 나타나지도 않고 검열 나오면 중대장실에서 끝내고, 부대 내 작은 비상소집도 없고, 지루하면 권총 사격 연습이나 하고 신사였다. 그 후 좋은 자리 승진하여 전출하였다 한다.

부평 미 카추샤 집결지

집결하자마자 목욕을 시킨다. 그리고 식당에서 양식을 하고 곧이어 피복을 지급받는다. 따불백에 한 가득 받고 보니 어리둥절 실감이 나지 않는다. 24시간 내 부대배치를 받는다. 나는 미병참부대를 희망했다. 그곳이 왜관16병참 중대다. 열차도 미8군 군용열차, 모두가 새롭고 천양지차다.

왜관 미16병참중대

미군부대하면 카츄샤와 미군이 숙식생활을 한 내무반에서 같이 하는 줄 알고 영어도 배우고 그들의 문화도 알고 일석이조의 기회라 여겼는데, 카츄샤와 미군은 각기 다른 병동에서 근무하여 마주칠 일도 없으니 기대치에 어긋났다. 카츄샤 하는 일은 초소근무다. 병참 중대 경내는 부지런히 걸어야 한 시간 둘레의 길이에 철조망을 쳤으며, 자기구역 200m를 동초하면 된다.

나는 3소대 소속인데 몇 달 동안 초소근무를 했다. 비가 오면 맹꽁이가 울어대고 개구리도 두꺼비도 어디선가 뛰쳐나온다. 충청도 땅, 나 살던 곳과 자연은 다름이 없다. 고독을 씹으며 옛날을 동경하게 된다.

그런데 어느 날 본부에 불려갔더니 한병장이 소대장 직책을 명한다. 소대장이라면 소위 중위급이어야 하는데 병장으로 감당할 수 있을까 잠시 자신을 생각한다. 남을 존경하고 상대의 말을 경청하고 배려하는 마음으로 소신껏 최선을 다하면 되리라 생각했다. 군인도 사람인지라 실수도 있고 감정도 있으니, 군을 떠나서 인간적으로 대하니 모범적인 소대가 되었다. 병장으로서 소대장 칭호를 받으며 근무하던 중 중대 외출 외박 금지령 지시다.

외출 외박 금지령

음력 정월 명절을 끼고 외출 외박을 금지한다. 고향 생각하며 들뜬 마음에 과음하여 사고 날 것을 생각해 군인정신이 해이되지 않도록 중대장이 지시했다.

음력정초 중대본부서 소대장급을 불렀다. 소대장들은 사고 낼 사람들이 아니니 외출을 허락한다. 오늘 하루 사고 없이 잘 놀다 들어 오라 하신 당부, 그러나 주변 음식점에서 반겨주며 술, 떡국, 전, 과일, 산해진미, 진수성찬이다. 이집 저집 2차 3차 하루 종일 술이 떡이 되어 취한 자는 직위 고하가 없이 이성을 잃었다.

밤 12시 넘어 헌병초소에 당도하니 흑인과 백인이 근무 중이다. 우리 일행이 약간의 주태를 부린 것이 헌병초소에 신고 되어 못 들어가 서툰 영어로 사정했으나 노노하여 결국은 중대로 연락되어 한국 중대장이 나와 인솔하여 들어갔다. 주번 하사관이 우리를 인수받아 창고에 가두고 워커발로 마구 차 죽살이치고 이튿날 중대실에 호출된다.

"왜들 그랬어. 여러분은 한국군으로 원대 복귀해야 된다."며 가 있으라 한다. 아마 흑인 중대장과 대화로 사정을 했으나 노노하면 그만이니 할 수 없다. 각자 갈 길을 택하라하여 카츄샤 1년만에 한국보충대로 가게 된다.

군수품을 다 반납하고 이른 봄날 한국 군용열차를 탄다. 쌀쌀한 봄날 개나리꽃이 차창을 스쳐 만감이 교차하며 내 마음은 굳어진다. 얼마를 갔을까, 전에 들렀던 제1보충대에 또 들어갔다. 군대 병장은 달았지만 늘 신병 기분이다. 어디로 팔려 갈 것인가. 초조한 마음은 봄이 와도 봄 같지 않다.

4종 보급 근무처로 옮기다

인사계 상사를 찾아갔다. 4과근무로 옮겨달라고 선물을 쏜다. 바로 근무처를 4종 취급소로 가게 된다. 사회 직장생활과 같다. 아침식사하면 길 건너 사무실로 출근한다. 흑인이 책임자고 한국인은 나 혼자. 시간이 되어야 일을 시작하고 시간관념이 투철하다. 커피타임이라고 흑인은 원두커피 맥주잔으로 한 컵씩 마신다. 난생처음 나도 커피를 맛보았다.

퇴근시간에는 할 일도 중단하고 땡하면 칼날 같다. 또 할 일 없으면 시계만 쳐다보다 땡하면 쏜살이다. 시간관념이 철저하다. 지급품이 떨어지면 대구로 물건 수령을 간다. 군 트럭 운전자는 한국인, 노무자 흑인 한 사람, 나 3인이 승차하여 80km로 철저한 교통법규를 지키며 목적지에 도착하면 기다렸다 중식 식사를 한다. 그런데 차에 실을 물건은 모포 5매, 구두 10족 이게 전부다. 그리고 대구 군용영화관에서 영화감상도 하고 돌아오면 일과 끝이다.

부대 안에 풀장, 당구장 등 각종 운동기구와 오락장이 설치되어 있어 이것은 군대가 아니고 사회생활이다. 카추샤가 피복, 구두 등 시장서 중고품을 사서 멀쩡한 것을 찢고 콘크리트에 갈고 하여 반납하면 새것을 교환해준다. 같은 동료들이 그런 것을 가져오면 참 곤란하다. 한두 번이 아니기 때문이다. 나는 느꼈다. 한국과 미국. 미국은 부자나라, 경제, 사회, 문화 선진국답다. 원칙을 중요시하고 준법정신으로 부정한 행위는 안 하니 세계 강대국 대우를 받고, 못사는 나라에 원조를 하니 무시 못 하는 국민성, 민주주의로 정의로운 사회를 유지하는 참 훌륭한 나라 국민이다.

3일째 되는 날

연병장에 모두 집합이다. 짚차가 서있다. 거기서 하차한 장·사병이 혁명 공약을 외워 쓰란다. 영문도 모르고 써냈다. 필적을 보기 위한 것이다. 몇 사람 호명하여 태운다. 얼마 가다보니 육군본부로 들어간다. 웬일일까. 알고 보니 장교들이 승진하기 위하여 기록카드를 작성하는 일이다. 나는 장교 보직처 출입문 말단석에 앉아 복무기록카드를 작성하는 일이다. 어느 날 같이 쫓겨난 김 중위가 내 사무실에 들러 "어! 한 병장 어쩐 일이야."하며 반긴다. "잘 봐줘." 하며 담배 한 곽을 건네준다. 술 담배를 못하는 내가 쫓겨난 것도 유 · 무죄를 따진다면 나는 무죄이나 군대기 때문에 연대처벌을 받은 것이다.

육군 본부에 근무하다

본부 사무실과 기숙사는 따로 있어 출퇴근하는 기분이다. 기숙사로 돌아오면 점호도 없고 기숙사는 텅 비어있다. 다 서울 사람이다. 자기 집에서 출퇴근하는 식이다. 4개월간 보조역할로 일은 끝났다. 장교보직처 실장이 한 소령이었는데 수고 많았다 제대 말년이라 전방으로 갈 수밖에 없는데 하며 걱정을 한다.

나는 전방이란 선입견에 고생문이 환하다 생각되는데 부산 제1보충대로 가게 된다. 거기서 부대 배치를 받게 된다. 가을바람 소소한데 따사로운 경내를 거닐고 있을 때 마이크서 흘러나오는 소리 "청주23 육군병원" 한다. 아! 저기 내가 가야하는데. "그 건너 바로 너!" 바로 나였다.

청주 23육군 병원

꿈인가 생시인가. 나를 듯이 기뻤다. 내가 사는 청주에서 근무하다니 제대 말년에 큰 행운이었다. 아니다, 육군본부 한 소령 실장님이 그곳으로 보내라고 부탁한 것이다. 지금 생각하니 그분께 감사 편지라도 쓸 걸 하는 생각이 이제사 든다. 반세기가 지난 오늘 감사한 마음 그지없다.

23육군병원 전입하였으나 제대 5개월 남기고 보직을 줄 수도 없고 소속도 마땅치 않네 한다. 나는 태권도 운동을 할 수 있는 방법이 없겠느냐고 미군부대서 태권도를 하다왔는데 밖에 나가 태권도를 할 수 있는 조건이면 어떤 소속이든 좋겠습니다. 하였더니, 아 그래 위병소 선임하사가 태권도 가르치는데 위병소가 적임이네 하고 위병소 나갔다. 그 곳에서도 책임은 없고 일과 후 운동하는 것이 나의 일과다. 무덕관에서 승단 심사가 있어 초단을 단다.

왜관미군부대 있을 때 1주일 외출증을 끊어 민가에 나가 무덕관에서 백띠부터 청띠, 홍띠까지 승급되어 부대 내서 미군과 노무자와 함께 연습을 했다.

미군 부대서 양식을 하며 침대생활, 내무반에 수세식 화장실이 있어 촌놈이 어리둥절하였다. 그때로 말하면 호텔이었다. 병영생활은 병장으로 소대장 직책을 가지고 장교와 함께 공무를 봤으니 말이다.

3년 만기 제대

군생활 논산훈련소 2개월, 마산군의학교 2개월, 1군사 1년, 카츄샤 1년, 육군본부서 4개월, 청주23육군병원 5개월로 3년 국방의무를 마치고 명예스럽게 귀향하였다.

내가 군생활 3년 동안 무사하게 마친 것도 조부모님, 모친 그리고 여동생, 사촌남동생이 가사 일을 잘 돌보아 주었기 때문이다. 이제 고인이 되고 사촌 동생 한 사람만 남아있다. 회고하건대 후회뿐이고 생존하셨을 때 잘할 것을 한이 된다.

내 나이 산수(傘壽) 80세(2016년)
산수 기념 문집을 낸다고 준비하고 있으나 부끄러운 줄 모르고 허무한 인생을 조명해본다.

청원군 미원면 압실에서

이곳에서 10년 동안 살면서 군에 입대하여 만기 제대했고, 결혼도 하여 3남매를 출산했다. 농사 초년병이지만 4H 구락부 조직과 자원지도 역할을 하며 영농지식을 얻어 양잠특설지구로 선정되어 수원농대 양잠과 교육을 수료하고 지역사회 발전과 봉사도 하며 태권도도 가르치고 업적을 남기며 애착을 가지고 살아왔다. 농토도 광작하여 4가구에 소작을 주고 한우도 10여두 남을 주어 사육하고 재산은 어머님이 치부하며 사촌동생이 가사를 돌보아 이제사 고마움을 생각한다.

조부모님은 이곳에서 돌아가시어 모시고 난시에 강원도서 젊은 나이에 작고한 숙부님도 한 준령에 이장하여 모시니 명절 때마다 고향 아닌 고향을 찾으니 감회가 새롭다. 사촌제수가 어려운 살림에 열심히 살아 3남매 손자손녀 다복하게 잘 살으니 하나님도 무심치 않으시고 돕는 자를 스스로 돕는다는 진리의 말씀.

가난과 전쟁으로 철새모양 살았지만 나름대로 자수성가하여 부유한 농촌생활을 하였지만 내세를 생각할 때 비전이 없고 아이들 교육을 생각하니 미련 없이 떠나게 되었다.

이때 이농현상이 유행처럼 번져 도시로 도시로 옮겨 교육열이 불타고 성공한 사람도 실패한 사람도 있다. 그러나 고진감래, 대개는 잘했다고 말하고 싶다.

촌으로 들어가다

쌀안* 장터서 화양동 방면으로 20리 정도 가다 좌측으로 기암리 압실 부락이 있다. 여기에서 청년 시절을 보내며 보람된 활동도 하며 재산 중식도 하였다. 멀리 이북서 강원도서 잠시 살다 해방과 6.25도 겪고 충북 땅 이곳에서 조부모님이 작고하시고 10여 년간 살다가 대전으로 이사하게 된다.

살던 곳 애경사 간 찾아가 봄직도 하지만 살기 바쁘다는 핑계로 어머님과 할머님 계시지만 생신일도 참석 못하니 죄송한 마음이었지만 생신을 맞이한 당사자는 몇 배 섭섭한 마음이라는 것을 이제야 깨닫게 되니 후회막심이다.

세월 가고 마음 가니 인생 일장춘몽이라 모두가 다 달아나버렸다. 성묫길도 좁아지고 살던 곳 추억도 사라지고 오랜만에 찾아보면 발전된 모습 없고 빈집과 잡초만이 무성하고 골짜기마다 우사가 들어차고 송아지 우는 소리 농촌을 일깨운다.

아는 이는 별로 없고 서글퍼 마음 둘 곳 없네. 이것이 바로 시들고 있는 농촌의 모습인가. 젊은이들은 떠나가고 아이들 뛰놀던 고샅은 쓸쓸하기 짝이 없네. 한 평의 땅이라도 더 넓히려던 그때의 젊은 시절이 이제는 남은 땅도 죽지 못해 하는 일, 자식들은 일하지 말라 하지만 그것은 다 헛소리.

성묘길에서 만난 늙은이들 그 모습이 내 모습! 성묘도 없어지고 고향도 추억도 없어지고 매장법도 없어지고 죽게 되면 장례식장서 화장되어 납골당으로 행차하니 마지막 인생이 불구덩이서 마감하니 큰 죄인인 듯 헛되고 헛되니 허무인생이로다.

* 쌀안 : 미원면의 미원(米院)을 옛 지명으로 쌀안이라 하였다.

제 4 장

대전으로 날개를 달다

8번째 이사, 1970년

대전시 동구 대2동으로 날개를 달다. 압실 둥구나무 고목에 둥지 틀은 크낙새 그 소리 우렁차다. 새끼 먹여 살리기 바쁘다. 뻐꾹새 멀리서 은은히 들려오는 소리 남의 둥지에 제 새끼 걱정이 되는가 얌체 짓 하지 말아야지. 이제는 들을 수 없는 흘러간 소리 압실 추억의 바람이 분다.

한성상회

농자천하지대본(農者天下之大本)이라고 평생 농사를 지어오신 할머니는 도시로 간다는 손자가 내심 걱정이 되시는가 보다. 농사는 자연과 싸움이지만 자영업이란 인간과 싸움이니 쉬운 일은 아니겠지.

산1번지 달동네 사람들이 오르내리는 샛길에 한성상회 간판을 걸고 가게 한 칸, 쪽방 하나 전세 45,000원. 재고물건 인수받아 쌀장사 한다고 석발기(쌀에 돌 고르는 기계)도 마련했다. 그러나 인수받은 상품은 팔 만한 것이 없고 농사지은 들깨를 매방석에 펴놓고 1말에 450원씩 판다.(당시 쌀 1말 400원) 그것이 매개체가 되어 쉽게 단골을 잡았다.

그러나 무엇을 사다 팔아야 될지 갓 어미 떨어진 햇병아리. 무엇을 찾아 먹어야하나. 하지만 어미닭은 사는 방법을 가르쳐주었다. 도시에 첫발을 내디딘 나는 여러 가지 방법으로 사는 사람들을 쉽게 다가설 수가 없었다.

유무식간에 할 수 있는 것은 장사뿐이다. 사람들은 할 일이 마땅치 않으면 구멍가게라도 하지 이렇게 말한다.

구멍가게라고 깔보는 사람은 그나마도 성공 못한다. 부지런하고 성실해야 된다. 좋은 물건을 양심적으로 공급하며 손님을 왕으로 대접해야 된다. 이웃과 친절히 대화하며 요사이 같이 계산대서 셈하는 것과는 아주 다른 관계를 가져야 한다. 대형마트 장사는 누워서 수수팥떡 먹기다. 구멍가게 주인이지만 덕망이 있어야 한다.

1970년 이때만 해도 시내는 차량이 없고 대전역 주변만 인가와 중앙시장 상권이 형성되어 있었다. 산1번지 꼭대기서 대전역을 내려다보면 많은 집들이 밀집되어 있으니 정동, 선화동, 대흥동이고 정동은 상가(도매상)가 형성되어 있는 대전역 주변이었다.

산1번지는 대전시청에서 빤히 쳐다보이는 산꼭대기 난민이 모여 사는 판자촌이다. 비탈진 곳에 제비집을 지은 듯 매달려있고 섬에 철새들이 군락지를 이루어 다닥다닥 둥지 틀고 사는 모양을 연상케 한다. 나는 여기서 시가지를 내려다보며 앞으로 어떻게 살 것인가 근심된 고민을 하였다. 농촌엔 비전이 없고 도시만이 홍망이 있다는 마음이 나약해졌다. 좀도둑도 맞고 사기도 당했다. 나에게는 세상을 살아가는 교훈이 되었다.

고지식하고 순진한 보수적인 나는 물건을 사고파는데 원가를 가르쳐 주나 누가 믿겠는가. 장사꾼 묵기가 아닌 나를 훗날에 양심적인 사람으로 인정을 받았으니 그것이 자본이었다.

장사에 장자도 모르는 나는 흑자인지 적자인지도 모르고 밤낮으로 열심히 뛰었다. 그런데 집주인이 가게를 비우라 한다. 갈 곳을 물색 하느라 일자가 지체되니 가게 문을 잠근다.

9번째, 이사

길 건너 더 좁은 곳으로 이전, 거래는 여전하고 장사에는 지장이 없다. 장사하기는 부촌보다 빈촌이 더 좋다. 잘사는 사람들은 1주일 먹거리를 구입하여 냉장고에 넣어두고 외지로 나가 즐긴다.

못사는 사람들은 아침, 저녁으로 때거리를 준비한다. 더 못사는 사람은 저녁에 들어갈 때 물 국수(젖은 칼국수)로 끼니를 때우는가 하면 쌀도 봉지쌀(종이로 만든 봉투) 되풀이 사들고 연탄도 새끼줄에 꼬여 두 장씩 사들고 간다. 이것이 그네들이 하루일과 집으로 가는 발걸음이었다. 새벽부터 밤늦게까지 사람이 끊이질 않는 샛길이다.

10번째, 두 집 건너 넓은 점포로 이사 간다

걸터앉을 쪽마루도 있어 좋다. 쓴맛을 알아야 단맛을 더욱 달게 느끼듯 한 곳에서 세 번이나 점포를 옮길 때 좀 나은 곳으로 이전하니 안도의 마음이 생긴다.

그러는 동안 거래처도 늘었지만 신용도 있어 많이 발전하고 있다. 그러는 과정에서 식품을 자전거에 싣고 가게를 찾아다니며 행상을 한다. 소득은 없었지만 실태 파악을 하기 위한 일이었다.

11번째, 1981년 대동마트 축 개업

충남체인본부 동부지역 대동마트를 지정받는 조건은 첫째, 자가(自家)이어야 하며, 매장 30평 이상이어야 하며 보증인을 세워야 했다.

대동마트 지정을 받으면 각종 인허가를 받는다. 미곡상 허가, 정육점, 담배 허가, 주류 직거래 등 특혜의 조건이다. 1톤 세렉스 화물차로 운송하며 개업식 풍물을 울리며 사은품도 증정하며 장마당이 되어 성대히 개업을 하였다.

사업 규모가 클수록 인생은 고달프다. 하루 잠은 4시간, 점심은 거르고 하루도 쉬지 못하고 연중무휴였다. 쌀도 연탄도 배달하고 운전기사와 종업원도 두었지만 적자인지 흑자인지 알 수 없고 금전등록기가 있지만 매출과 잔고 조사도 할 수 없었다.

도깨비장

주로 야채 시장인데 새벽 4시에 장이 서고 날이 새면 모두 헤어져 일명 도깨비장이다. 비가 와도 나타나는 도깨비들, 작업을 어제 해두어 생물이기 때문에 비가 와도 안 나올 수가 없다. 후줄그레 비를 맞은 차림은 가히 도깨비란 말이 어울린다. 너나 할 것 없이 도깨비들은 만나고 물건을 사고팔고 금세 헤어진다.

농촌에서 생산되는, 아니면 산야에서 채취한 푸성귀를 또는 가공한 오뎅, 단무지, 아무튼 내놓고 팔릴 만한 물건이라면 무엇이든 가져와 파는데 그 상대는 사방서 모여드는 가게 하는 사람들에게 파는 것이다. 예컨대 봄에는 달래, 냉이, 고들빼기, 여름에는 열무, 상추, 아욱, 쑥갓 기타 등등이다. 리어카에 몇 단 싣고 온 사람인가 하면 노상에 가지, 오이, 호박, 사람마다 장걸이를 가지고 나온다. 비가 와도 나와야 하는 것은 전날 작업한 야채 생물이기에 놔두면 버리게 됨으로 헐값이라도 팔아야 되겠기에 비를 맞으면서도 사는 사람이나 파는 사람이나 후줄그레 하니 뒤집어쓰고 한참동안 복작복작 시끌시끌하다. 어디론가 가버리니 영락없이 그 모습들이 도깨비들이다.

1970년대만 해도 시골장이나 도시에도 5일장이 성황리에 형성되어 만남의 장이기도 하였다. 지금은 5일장의 개념이 없고 장날만은 기억에 남아있다.

12번째, 1981년

대동직물공장 부지 1,000평(千평) 매입, 대전 동구 대2동 대동직물 공장에 주 · 부식을 납품하였는데 도시계획에 의하여 외각지로 이전하게 됨으로 위 공장부지 천 평을 매입하게 되었으나 어떻게 해야 대박을 터뜨릴까 하다 묘안이 없어 고민 끝에 연립주택 3동 50세대를 건축키로 결정하였다. 전매하면 상당한 이익을 남겨주고 산다는 사람이 있으나 와이프가 흥부가 대박을 켜듯 욕심이 생겨 건축을 한다고 우겨댔다.

건축은 아무나 하나? 아는 길도 물어가라 하였는데 모르는 길을 우왕좌왕하다 벼랑 끝으로 몰린다.

1980년대만 해도 부동산 바람이 솔솔 불었다. 또 잘 아는 여자가 연립주택을 지어 쏠쏠히 재미 보는 것을 보고 매력을 느끼자 함정을 판다. 건축주와 주객이 전도되어 건축자가 현장을 중단하고 경험 없는 건축주를 무시하고 그들의 악랄한 행동에 손해를 보게 된다. 서투른 무당이 큰 굿을 맡아 감당을 못하는 격이니 과욕을 탐한 것이 잘못이었다.

과욕은 금물(過慾禁物)

건축주는 업자의 부당한 공사현장 중지와 공사 공정 진척도 없이 공사비를 요청함으로 법적 소송을 하게 된다. 그러나 유전무죄 무전유죄 현실이고, 이말 저말 듣다보니 비용만 눈덩이 같이 불어나 승산이 없게 된다. 가지고 있던 집 두 채와 매장까지 경매에 넘어가고 건축 현장도 넘어가게 된다. 그 지경이 되어 채무 변제를 못하니 사기꾼이라 한다. 채권자들은 사기로 고소를 하니 법정을 드나들게 되었다.

뼈를 깎아 세워 피땀으로 옷을 입혀 조형미술 될까 하여 밤낮으로 20년 공든 탑이 과욕으로 무너지니 뉘탓이라 할까. 원망도 후회도 다 지나간 일이다.

신혼여행 7박 8일

금 목걸이 은팔지 하는고야 / 결혼사진 찍는도다 / 혼인서약 눈물겹다 / 신혼여행 마치고 나니 / 다세대 주택으로 / 홀로 입주함이로다.

신혼방 한심하다 / 많은 식구들만 있음이라 / 다방면 전문가들 / 으스스한 분위기 / 모두다 석박사더라 / 7~8명 몸을 비벼 / 첫날밤 두렵도다

먼동이 트였는가 / 땜통들이 설쳐댄다.

나팔소리 기침하고 / 개문소리 점호하니 / 세면시간 십초라서 / 코풀새도 없음이라 / 일주일회 목욕이라 / 개싸움에 물끼얹기 / 오리발로 뛰어드니

감기들기 일수로다 / 일주일회 운동이나 / 양계장에 갇힌 닭이 / 모이 줍는 시간이라 / 별유천지 콩보리식 / 나오나니 가스로다.

한옆에서 떡을 치고 / 혼합 깨스 진동하니 / 머리털이 다 빠진다 / 이 마음을 아는 이는 / 하나님만 알을네라.

立坐夜 太食 食便 / 席席臥 麥饌 口器 / 도도도 도도 통통 / 一一一 一一 食糞 / 房房房 器器 入出

1983년 11월 / 간밤에 달빛 감추드니 / 옥황상제 암행하여 / 고요히 속삭였습니다.

온세상 추한 곳 포근히 / 감싸주고 하얀 솜이불을 / 덮어 주었습니다.

은빛 광야에 썰매를 타고 한없이 달리고 싶습니다.

1983년, 사필귀정(事必歸正)

열두 대문 두드리고 정승판서 다 뵈옵고 옮지 않은 백성들을 보고 인생교육 경험을 하며 사필귀정의 진리에 세상 허물없이 살았다.

인생은 여행이다. 인생은 드라마, 나는 주연이다. 드라마틱은 양심이다. 남을 먼저 배려하며 마음 쓰고 걱정하니 내게 돌아오는 몫은 빈약하다. 내 모습이 비치는 모습은 못난이고 남을 속이고 위법한 행위를 하더라도 이익을 챙기는 사람은 잘난 빛으로 보인다.

13번째, 성남 1동

2층 방 하나 연탄보일러, 연탄가스 중독으로 5식구가 귀신도 모르게 죽을 번했다. 아이들을 끌어내어 콘크리트 바닥에 즐비하게 뉘었다. 나도 한방에서 잤지만 의식 잃은 아이들을 보니 정신없이 끌어내 차디찬 콘크리트 바닥에 아무 조치 없이 탄산가스만 피하는 상태였다. 학교도 결석하고 골 아프다 하니 진통제와 가스명수로 회복하기만을 기다렸다.

애써 이룬 가옥, 매장 건축현장 부동산, 동산을 다 날리고 사글세 방 하나 이 무슨 꼴이냐. 송충이는 솔잎을 먹어야지 과욕을 부린 것은 환란을 자청한 것이다. 아내는 자유롭지 못한 몸으로 순리에 역행한 것을 뉘우치고. 그 누구의 잘못도 아니고 자신임을 깨달아야 한다.

14번째, 삼성 1동으로

아이들 넷이 모두 책가방을 메고 학교 갈 나이 중학교부터 줄줄이 사탕이었다. 사춘기 때 민감한 나이 탈선할 수도 있지만 어려운 처지에 묵묵히 잘 지내줘 감사하였다. 이곳저곳 이사하며 생계도 힘들었지만 그 무언가 하려고 해도 자본이 문제였다. 한남대학교 정문에 2층 홀이 있어 학생들을 상대로 하려하니 학생 다방이 적합할 듯하여 지인의 도움으로 개업을 하게 된다.

일제 잔해물 망루 그리고 우물

대전 선병원은 나의 단골 병원이기도 하다. 건너편에 대전 형무소가 있었다. 병들은 아픔보다 더 아픈 곳이다. 지금은 아파트가 들어서고 아이들이 뛰어놀고 있어 이 자리가 형무소 자리라고 아는 이는 별로 없다.

일제 강점기 안창호, 여운영, 박헌영, 그 외에 수많은 독립운동자, 애국하신 분들 옥고를 치르고 한국전쟁이 발발 당시 일진일퇴를 거듭하여 북한 군인과 양민들을 학살한 참혹한 역사의 현장이기도 하다.

대한민국 건국 후에도 형무소로 사용하다, 1980년대 진잠으로 신축

이전하였다.

지금은 일제 잔해물로 망루와(보초망) 우물이 있다. 그 당시 식수로 사용하려고 판 것인데 깊고 넓다. 망루는 높은 곳에 보초 경비는 총기를 소지하고 몇 명씩 한 조가 되어 사방을 감시한다. 한국전쟁 당시 반공지사들을 우물에 거꾸로 잡아넣어 수장하였다 하는데 그 수가 엄청나다고 전해진다.

최근 형무소에 수감된 사람은 폭력, 절도, 사기, 기타 등등이다. 사업상 실패하여 수감된 경우도 많지만, 판결이 나기 전까지는 죄인이 아니다.

한 평 남짓한 방에 칠팔 명이 섰지도 앉지도 못한다. 밤에는 칼잠을 자야 한다. 식사는 보리 콩밥 식판에 찍혀 덩어리다. 짠지 한쪽 국 한 그릇 구멍을 통하여 들어오고 물은 나무 홈통을 구멍으로 들여 밀어 돼지 물 주듯 한다. 숟가락은 플라스틱이다. 쇠붙이라면 흉기로 변할 염려가 있기 때문이다.

그래도 먹었으니 변을 봐야 하는데 쪼그리고 앉아 밑으로 뚫린 구멍으로 변을 보는데 방구 냄새 똥 냄새가 진동을 하고 가림막도 없어 서로 그 광경을 보게 된다. 아무리 죄인이라지만 인권을 무시당하고 조사를 받아야 한다. 백여 년 전 일제가 독립운동가를 잡아 가두기 위하여 지은 건물이니 오죽할까마는 백 년이 지난 낡은 시설 붕괴 직전이다. 지금은 진잠에 새 건물이라 모두가 좋아졌다. 하지만 수감 다른 세상이니 헐벗고는 살아도 죄짓고는 못 산다는 말도 잊지 않는가. 정의로운 사회 남을 해하지 않는 범죄 없는 사회가 되었으면 한다.

용운동에서

계룡건설 용운동 아파트 건축 당시 지역유지의 소개를 받아 임시근무자로서, 상근 근무자 출퇴근과 일용직 작업 상태를 파악하며 건축자재(목재) 소모와 재고량을 조사하는 업무를 보았다.

아파트 공사가 끝나고 철거할 때 재목을 한 차 얻어 단지 입구에 가건물을 지어 새 입주자가 필요로 하는 물건을 팔았다. 주변에 일반가게가 없어 장사가 잘 되었고, 서울우유 대리점을 지정받아 제법 생필품 가게로 주목을 받았다. 여기부터 와이프는 부동산을 시작하게 된다. 이곳에 연립주택도 구입한다.

15번째, 1985년 용운동 주공연립주택

이곳저곳 전전하며 쫓기듯 살다 15평 연립으로 입주한다. 그 곳은 천국이요 안식처이며, 따스한 봄볕, 새로운 둥지, 오순도순 솔잎 송충이 한 가족이다.

2~3년 동안 재산을 날리는 고통은 재산을 모으는 것보다 정신적, 육체적 고통이 비할 바가 아니었다. 태풍은 지나가고 잔잔한 물가로 인도하는 도다. 꽃 피고 결실의 시기를 위해 과욕의 씨눈을 버리고 내게

부족함이 없으리로다.

아파트 입주가 성립되면 관리소장을 뽑는다. 나도 출사표를 던진다. 운동을 하던 중 나는 아니다라고 생각된다. 선거란 형식적이고 정당에 필요한 인물로 내정되어있어 중도 포기한다.

사회와 나는 온도차가 심하여 초야에 살 것을 생각하여 대청호 주변을 정처 없이 헤매 다녔다. 그러던 중 보은군 회남면 판장리 한 산골에 이농한 5세대 전답 1만여 평을 매입하게 된다. 이농한 5세대 농가집은 그냥 덤으로 넘어오게 된다. 일제 때 피난 겸 생계를 위해 화전밭을 일구며 6.25난도 그곳에서 겪으며 지나온 세월, 집이라고 허술하기 짝이 없다. 손을 보아 두어 채는 그런 대로 살 수 있었다.

16번째, 갈마동 동산아파트

용운동 15평 연립에서도 행복했는데, 행복이 뭐냐고 묻는다면 현재에 부족함이 없는 상태, 마냥 좋은 것이라고 할까. 15평에서 30평 아파트로 이사하면 행복지수가 배가 되겠지만 그렇지 않다. 산에서 독거로 있다. 지인의 집을 방문하듯 내 집을 찾아 들어간다. 남의 짐에 손으로 간 기분이다.

17번째, 오정동 신동아아파트로 48평

신동아아파트 48평은 15평에 비하면 거실은 운동장이다. 방 4칸, 화장실 2곳 15평 연립과는 비교할 바가 아니다. 개구리 올챙이 적 생각을 해야지 나와는 궁합이 아니다.

그랜저승용차, 자개농, 이태리제 쇼파, 도자기 등등 서울서 구입한다. 평수가 넓은 만큼 가구도 걸맞아야 하는가보다. 평수가 넓다고 화기애애한 것도 아니고 가구가 좋아서 꽃피고 향기 나는 것도 아니다.

18번째, 태평동 버드내아파트 50평

이리저리 다 패하고 거리에 무적자로 용운동 신축아파트 길거리서 떳다방, 복덕방 시발이다. 김삿갓이 대동강 물을 팔아먹는다는 말과 같이 서울사람들 부동산을 상대로 대전 아파트 도거리를 한다. 그 물건을 다시 위탁받아 이중으로 수수료를 챙긴다. 중리동에 부동산 사무소를 개소하고 명실공이 부동산 중개업자로 등록된다.

꿀벌이 소문을 드나들 듯 손님들은 먹잇감을 물고 들어온다. 마트할 때 만원짜리 손님이 기본이라면 부동산 손님은 천만 원이 기본이다. 불과 이삼 년 전 실패의 아픔을 뒤돌아보지만 아직도 복구는 미지수고 50평 아파트에 살고 있지만 고생할 때 15평 연립주택이 더 행복이다. 과욕불급은 아니다. 행복은 물질에 있는 것이 아니다.

지난날 젊어 20년 동안 앞만 보고 숨 가쁘게 내 달렸다. 하루라도 휴식이 그리웠지만 365일 연중 무휴였고 잠자는 것이 소원이었다.

용운, 갈마, 오정, 태평 줄줄이 아파트 갈아타는 동안 4남매는 졸업하고 시집장가 짝지으니 환갑 전 일찍이 짐을 내려놓았다. 아이들과 외식 한 번 못하고 삼복더위에 물놀이 한 번 못가고 학교성적과 진학 문제로 선생과 상담 한 번 못하였으니 부모 된 도리를 못하여 아이들에 미안하고 또 고마웠다.

> 시집보내는 날 피로연 빙글빙글 도는 원탁 중화요리
> 장가가는 날 서울교육회관 역시 원탁 다양한 한국음식
> 황새는 갈비탕 먹는데
> 참새는 청요리 먹는다
> 황새는 황새
> 참새는 참새, 참새가 황새걸음 따라가려면 되나
> 개구리 올챙이 적 생각을 못하나?

자동차 사주고, 아파트 사주고 그것은 잘 살도록 하는 지름길이 아니고 못 살게 하는 게으른 자식과 의욕을 잃고 의지하는 마음을 길러준다. 봄에 씨 뿌리는 방법을 가르치고 알찬 수확을 목표로 가꾸는 법을 가르쳐야 한다. 그것이 잘살게 도와주는 일이다.

아파트 50평에 세 식구가 산다. 출타하면 혼자 남아 휑하니 가위눌

린다. 공포심이 생기고 무언가 불안하여 허약해진다. 좁은 공간에서 여럿이 같이 살아야 정감이 있고 희로애락이 그 가운데 있다.

꿀벌도 식구는 적은데 큰 벌통에 있게 되면 세력이 약해져 결국은 없어진다. 생존은 자연의 순리 따라 적응하며 살아야 한다.

물질만능시대, 살기는 좋아졌다하지만 조상에 대한 고마움을 망각하고 일가 간의 상하화목(上下和睦)도 없고 오직 처자식만 아는 세태, 부모를 학대하고 버리고 천인공노(天人共怒)할 일이다. 미물에 짐승도 자기 새끼를 죽이지 않는다.

가문을 빛내고 지켜온 숭조사상의 자랑스러운 전통을 이어받아야 한다.

大田商人組合 發足! (대전상인조합 발족)

약육강식이란 말이 있다. 대전 시내 4대형 도매상이 있어 천(1,000)여 소상인이 대형 도매상에 먹잇감이 된다. 소상인 중에도 잘되는, 또 뜻이 통할 수 있는 상인들을 모아 우리가 하나로 뭉쳐 출자를 하여 모은 자본으로 공장 직거래, 회사 직거래를 함으로 공장도 생산가격으로 구입하면 도매상들의 횡포와 약육강식의 먹거리가 되지 않는다.

조합원이 구성되고 조합장을 선출하고 총무가 되어 구입책과 판매책을 두어 구판장이 설립되었다. 내 장사는 뒷전이고 모두에게 이익이 되니 봉사하는 마음으로 헌신하였다.

소상인 1,000여 점포가 대상인(도매상) 4~5점포에 매달려 착취당하고 있다. 즉 인기상품이 출시되면 재고품을 끼워 파는 현실이니 소상인은 대상인의 먹잇감이 되었다. 대상인 점포 앞에서 소상인 자전거가 물건을 구입하려고 즐비하게 서있고 폭리를 챙기면서도 인권을 무시하기도 한다.

소상인 대전상인조합을 조직하다

소상인들은 저녁마다 회를 하여 조합을 구성하는데 동의하여 출자를 하여 모은 자본으로 공장직거래로 공동구매하여 조합원들에게 나누어주는 일이다.

조합장, 총무, 구매자, 판매자가 있지만 무료봉사하는 곳이니 개인사업이 아니고 자생단체로 애로가 많았고 전문적인 지식이 없음으로 목적과 취지는 좋았지만 앞으로 갈 길이 요원하였다.

충남수퍼체인본부가 창립되다

대전 중앙시장 상인조합장이며 상공회의소 이사로 상업에 권위 있는 분이 충남수퍼체인본부 대표이사 사장이다. 그는 생산자와 소비자가 직접 연결됨으로 여러 단계를 거쳐 중간 이익을 배제하고 질 좋은 상품을 저렴한 가격으로 공급하는 체인을 엮는 것이다.

대전은 물론 충남 전 지역에 요소요소 굵직굵직한 상업 능력자들이 지역안배를 두고 계약된다. 그러다보니 우리가 만든 상인조합은 또 위기에 몰린다. 감히 대적할 만한 상대가 안 된다. 그러나 우리들이 걸림돌이다. 체인본부서 나를 불러 협상을 하잔다. 나도 조합운영에 애로가 많고 지쳤는데 내심 구미가 당겼다. 그러나 조합을 배신하고 조합원을 배신하는 내 자격지심이 편치는 않았다.

나는 조합원들의 양해를 구하고 미안한 마음으로 내 지역 대동직영 매장 7번으로 계약하였다.

소복은 재근 신용은 자본(小福在勤 信用資本)

마트를 지정받으려면 내 집(自家)이 있어야 하며 점포가 30평 이상이어야 한다. 적당한 장소에 신축을 하는 수밖에 없다. 그러면 대지와 건축비가 있어야 하는데, 마침 주변에서 대지를 외상으로 주고 건축비도 무담보로 대여해줌으로 쉽게 부동산을 마련하게 되어 대동마트를 지정받았다. 신용을 자본으로 도움 받아 열심히 하며 주변 상권을 독점하여, 인접하여 있는 뒷집도 매입하여 담을 헐고 합병하니 큰 집이 되었다.

영업용택시 포니를 구입하여 3:7제로 주고 화물차 세렉스도 구입하니 갑자기 졸부가 되었다. 그 당시 미곡상 담배허가는 어려웠으나 시에서 의무적으로 내주고 정육점, 주류 판매 등 그 중 한 가지 종목만 해도 점포를 낼 수 있으니 많은 혜택을 보게 되는 것이다.

丁酉年 새해 계룡명산

이산은 산이 아니요 민족의 역사 그것이니, 신령한 산 닭이 홰를 치니 거대한 용 꿈틀대는 아득한 전설 날리네. 명당 터에 즐비한 나라지킴이 나라의 아들 겨레의 무궁한 번영, 동학의 날갯짓 평화의 함성 하늘높이 날아오른다.

제 5 장

종교

새벽기도

나는 밖으로 향하는 눈을 안으로 돌려 주 안에서 나 자신에게 집중시키고 말씀에 귀 기울이고 기도해야 한다. 작정 기도를 해보지만 작심삼일이 되고 만다. 마음으로 위하되 실천이 안 된다.

나를 위하여, 교회를 위해, 이웃을 위해, 그리고 나를 위해 기도하지만 결심은 잠시뿐이다. 출타하여 외박을 할 경우 주변에 교회부터 알아두었다. 새벽기도에 가면 그 교회 목사님 혼자 기도하는 모습도 보았다.

가는 곳마다 새벽기도 나가지만 이런저런 이유로 중단하게 되고 내 믿음의 실뿌리가 깊이 박혀 큰 나무 되기를 원하지만 길가에 뿌려져 성장하지 못하니 안타깝다.

무관심에서 관심으로 성도의 교제 또한 중요하다. 믿는 자들의 돈독한 우정도 바람직하다. 아흔아홉보다 한 마리의 잃은 양을 더 소중히 여기듯 믿는 성도가 소식이 없으면 찾아보는 것이 성도의 마음이거늘 무관심으로 한 마리의 양을 잃게 된다.

유창한 기도는 사람의 기도이고 하나님이 기뻐하는 기도이어야 한다. 천지지간 유인이 최귀하다는 것은 하나님 뜻에 합당하게 사는 것이다. 믿는 사람다운 교육이기를 자신과 약속을 해본다.

온누리 교회

담임 : 김동호 목사

교역자 : 이탁병 전도사

원로장로 : 변병국

장로 : 김규석, 가재홍, 서상교, 도은구, 장태성

온누리 교회
— 풍세면 남관리

온누리 교회 김동호 목사님, 우리의 목자시니 내게 부족함이 없으리로다. 우리를 푸른 풀밭에 누이시고 쉴 만한 물가로 인도하시는 도다. 하나님의 말씀입니다.

온누리 교회는 우리 고장에서 으뜸입니다. 어르신들이 많이 계셔서 든든하고요. 꽃보다 아름다운 어린이도 많고요. 청년들도 많아 으쌰으쌰하지요. 이것이 온누리 교회의 희망이고 자랑입니다. 이탁병 전도사님, 찬송찬양으로 하늘과 땅 사이 무지개로 피어올라 하늘 문을 여십니다.

예수님 사랑을 담아 좋은 날, 복된 날 옆 사람으로 번집니다. 목사님도 앞뒤 사람과 인사를 하랍니다. 하나님은 당신을 사랑합니다. 이렇게 말입니다. 이것은 공동체 인사지만, 인사는 누가누구에게 아니고 먼저 보는 사람이 해야지요. 인사해서 뺨 맞는 일은 없으니까요. 신분 떨어지는 일이 아니지요.

하나님은 이 땅에 목사님과 사모님을 이성지합하시어 온누리 교회로 명령하시어 우리를 위해 보내신 김동호 목사님이십니다.

사모님은 현모양처시고 온유하심으로 볼수록 정감이 가고 순진하시고 마음씨 고운 분, 사모로서 부족함이 없는 참 좋으신 분. 한결같은 사랑으로 이끄시고 목자 되신 분과 영육 간 건강하시기를 성도님들은 기도합니다.

성경은 책 중에 가장 존귀한 말씀이며 문화, 예술, 과학 그 안에 다 들어있습니다. 예수님을 잘 믿으려면 성경을 많이 읽어야 한 대요.

불교, 유교도 그 안에 있으니 타 종교도 미워하지 말고 그 들을 껴안아 주면 예수 믿는 사람도 존경받으며 말씀을 전도할 수 있고, 절망 중에 희망을 갈망하는 사람들을 위해 희망이 있고 영생이 있으며, 사람은 누구나 막다른 골목에서는 종교를 초월하여 하나님을 애타게 부릅니다.

오늘도 귀한 하루를 주시고 하나님 자녀의 신분을 잃고 어둠 속을 소망 없이 헤매는 하나님의 자녀를 귀한 삶을 살게 하여 주시옵소서. 이 저녁시간에 은혜를 사모하며 온누리에 나오신 교우들 마음에 뜨거운 성령을 마음속에 부어 주시옵소서. 온누리 모든 성도님들 교회를 위해 헌신하시는 직분자 여러분께 감사를 드립니다.

온누리 교회 장로님. 교회 살림을 위해 물심양면으로 애써주시는 장로님께 기도합니다. 온누리 교회 권사님 한 알의 씨앗 되어 길이길이 꺼지지 않는 횃불 되소서. 말씀을 선포하시는 목사님, 전도사님, 듣는 우리들이 성령 안에서 하나 되기를 원합니다.

기쁨으로 찬양드리며 말씀을 통해 주님을 만나기 원합니다.

온누리 교회를 사랑합니다. 여러 형제자매님들 사랑합니다.

온누리 교회 어린이

온누리 어린이는
연두빛 새싹처럼
어린이의 생기가
눈망울 초롱초롱

재잘대는 어린이
깡충깡충 뛰노는
볼수록 아름다워
주님도 좋고 좋아

이 나라
초석 되어서 사랑탑 세우소서.

큰 나무
기둥 되어서 쓰임 받게 하소서.

글로리아 성가대

— 한영필 작사 · 이수진 지휘 · 정단비 반주

단비의 거미손은 사뿐사뿐 돌다리를
두드리며 멜로디로 저 장단 온누리에
펴져서 한마음 되어 향기로 피어나네.

수진천사지휘자 지팡이와 막대기로
어린 양떼 모아서 글로리아 찬양지휘
하나님 은혜 받아서 제일가는 성가대.

멜로디로 글로리아 손뼉 치는 한마음
예수님 영생으로 삼위일체 하나 되어
보아라. 손을 들어라. 낙타가 오고 있다.

(후렴)
눈처럼 하얀 마음 파란하늘 같은 마음 어느 것이 길인지
나는 알 수 있네. 사닥다리 오른다. 사닥다리 올라라..

바울1속

— 속장 박승훈

하나님은 약속의 하나님
세상 모든 것 약속으로 살라하신다.

70~100세 시대 바울 속 노송
하나님 보시기에 보배롭고 귀하다.

봉사를 실천할 일꾼으로
세워주신 박승훈 바울 속장

복을 주시고 은혜 베푸시니
참 좋으신 하나님! 할렐루야.

가꿔온 손길마다 상 받으리
서로 존중하고 사랑하리라.

영적으로 맺은 형제들
영육 간 강건하기를 기도합니다.

대성리 마을 벽화(한영필 작)

믿음의 말을 선포합시다(공동선포)

온누리 교회는
내가 하나님의 복음을 받는 곳이고,
우리 자녀들이 하나님을 만나
축복을 누리는 곳이며,
나의 가문이 믿음의 반석 위에
신앙의 명문가로 세워지는 교회입니다.

추기경 할아버지

나누고 사랑하고 봉사하는
김수환 할아버지 생각납니다.

각막까지 바치시고
묵주 하나 모자 하나
남기셨네요.

추기경 큰 할아버지
세상의 빛이요 소금이요

나는 무엇을 할까요.
깨우쳐 주세요.

감사합니다.
사랑합니다.

어둠을 밝히는 불빛
— 한경직 목사

한경직 목사는 평남 평원 출생으로
가난한 집 한도풍의 아들로 태어났다.
한도풍은 가난하여 늦게 결혼할 수밖에 없었다.

내 아들은 일찍 결혼을 시키겠다는 것
공부를 남부럽지 않게 시키겠다는 것
그리하여 13세 나이에 3살 위인 16세
얌전한 규수와 결혼을 시켰다.
경직 나이 9살 때 아내가 하늘나라 가고
빈자리 슬픔과 기쁨 만감이 교차한다.

가난과 무식을 대물림하지 않겠다고
소를 팔고 학비 준비에 애쓴 아버지를 생각해
공부 열심하고 교회에도 열심히 하여
나라를 사랑하고 민족을 사랑하는
사람이 되어야 한다고 그리웠던 고국
산천을 다시 보고 사모했던 사람들을
만날 생각에 부풀었는데 일본 형사들이
찾아와 조사부터 받게 되었다.

내 나라 내 땅에 들어왔는데 무슨 잘못인가
한경직은 교회를 짓고 고아원을 세웠다.

형사가 교회에 찾아와 천황을 신사라는 곳에
모셔놓고 절을 하며 신사참배를 하라는 것이다.
하나님 외 우상숭배 절할 수 없소.

교회 문을 하나 둘 닫게 되고 교인들도
불안하여 목사님과 교인들이 찾아와
교회 문을 열고 교인들을 돌봐야 합니다.
하나님도 알것입니다.

결국은 교회에 신사를 차려놓고
절을 해야했다. 밤낮으로 일본의
억압과 만행으로 회개하며 기도한다.

1945년 8월 15일 해방은 되었지만
해방의 기쁨도 잠시 38선을 넘어
서울로 와야 했다. 공산당은 기독교를
몰아내고 총살까지도 했다.

서울로 온 한경직 목사는 교회를 지어
영락교회라 하고 삼천리 방방곡곡에
교회가 세워지니 하늘에 영광이요

땅에는 평화가 가득하도다.

영락고아원, 영락모자원 복지시설도
많이 세우고 대광중고등, 영락중고등,
보성여자중고등학교를 세워
가난하고 어려운 시절 교육을 받게 하셨다.

고희의 연세(칠순)에 은퇴한
한경직 목사는 남한산성 작은 집으로
조용히 하나님과 함께 사는 것이 좋다하였습니다.

평생을 사랑으로 실천해오신 한경직
목사님 공로를 잘 알아 텀플턴상을
받으시니 종교계의 노벨상이다.

한경직 목사님은 피난민과 가난한
사람을 위해 봉사하며 여러 교육기관과
사회봉사기관을 설립하여
교역자로써 사회 봉사자로써 복지에
기여하였으며 나라가 위태로울 때
적극적으로 뛰어들어 그 시대에 큰 어른이시며
영원히 꺼지지 않는 세계에 횃불이십니다.

* 텀플턴상 : 종교적으로 큰 공을 세운 사람에게 수여하는 종교계의 노벨상.

삼발(三足)

삼발이라는 삼륜차
어린이 세발자전거
네발이 안전하지만
그것은 사치지요

세발로
갈 수 있으니
모자랄 때 쓰세요.

우리의 삼발이는
믿음 소망 사랑이지
사랑은 아무나 하나
내 몸을 불살라야지

왼손이
하는 일들을
오른손이 몰라야지.

한경직 목사님 소유
휠체어와 신발 하나
지팡이와 모자 하나
그것도 반납하시고

오로지
영혼만 안고
하늘 문을 여시었습니다.

대성감리교회 김경수 목사님께

— 장로 이영석(공주시 우성면 대성리) 경유

평화롭고 아늑한 대성리 하늘 높은 십자가
성도님들 성화같은 불길 믿음으로 세워진
하나님의 뜻 사도신경으로 신앙고백 합니다.

대성교회를 섬기시는 하나님의 종으로
김경수 목사님과 사모님을 보내주신 하나님 뜻
그 은혜 주님이름 받들어 감사합니다.

복된 자리 잔잔한 성가대 음정 참 좋았고요
성도님들 형제자매 예배하고 교제하니
귀한말씀 눈, 귀, 입 다 드리오니 잘 다스리옵소서.

나는 당신의 아들이 분명한데 자식노릇 못하며
하나님 마음 아프게 하고 말귀를 못 알아들으나
모든 기도가 이루어지도록 은혜 베풀어 주소서.

말씀을 볼 때 말씀을 들을 때 예배시간에
마귀들이 내 마음속을 휘저어 놓습니다.
자신이 내 좋아리 때려 봐도 물러가지 않습니다.

신앙의 꽃이 열매가 되어 언제 거두리까
예쁜 마음 꽃씨를 묻으면 고샅길에 환하게
꽃등을 켜 벽화도 빛나 그 모든 것 그립습니다.

새벽기도 가는 길 눈이 오면 비를 들고
잡초가 무성하면 낫을 들었지요
고샅길 사람들 마음 아름답게 가꾸고

담장에는 벽화 그림 마음을 수놓았고
세월 가면 퇴색하지만 변치 않는 예수님
내 마음 아주 오래오래 사랑할 것입니다.

그런데 남선교 연중회비 5만원
떼어먹었습니다. 목사님 대접도
감사 헌금도 제대로 못하고 하나님 용서할까요.

* 목사님 사랑을 받아들이지 못하고 교회 일에 소홀이 했습니다. 인간적으로 죄송합니다. 대성감리교회 성도 여러분 성령 충만하시고 영육 간 건강하시기를 기도드립니다.

마더 테레사 수녀님

삼대양 육대주 사랑과
자비로 엮으신 마더
테레사 수녀님 선과
평화를 갈망하는
온 인류 사랑의 큰 별빛과 소금이어라.

부처님 공자님 다른
종교도 내치지 않고
감싸 안으신 그 분
참으로 거룩하시네
투철한 남의 종교를 탓해서는 안 되리라.

사랑의 선교회 평화의 마을 임종자의 집
사랑의 선물 전 세계 가난한 이를 도와주신다.
우리는 사랑의 말을 너무 흔히 쓰고 있다.

야단스럽고 법석 떠는 것보다 고요해서 스스로를
돌아보는 실천으로 전도자가 되어야 한다.
테레사 가난한 자의 어머니 영생을 하시리.

새벽길

정유년 홰를 치고
사랑의 힘찬 계명

온누리 오시어서
생육하고 번성하라

새 아침 세상을 환히 땅 끝까지 밝히시네.

별 총총 새벽길에
가로세로 십자가길은
반기고 헤어지는
나눔과 용서의 길

하나님 만들어 놓은 손잡고 걸어가는 길.

기도

— 스텐트 시술

하늘 높은 뾜대 십자가
생명주머니 주렁주렁
매달고 목숨을 구걸함메다.

내래 수술실로 들어감네다.
하늘님 아바지 믿가시오.
어카가시오 도와주시라요.

시술을 날래날래 냉큼
낫게 해주시라요.
아바지를 믿갔습네다.

사랑합네다.

울할머니 맥추 감사절

울 할머니 믿음의 산신
온힘 다해 지은 첫 수확
옥수수 광주리에 이고
흰치맛자락 날리며
어딘가 자리잡는다.

목욕재계하시고 두 손 모아
가정의 안녕을 빌고 빌며
손자손녀 잘되기 바라는
간절한 소망 큰 바위 앞에서

울 할머니 비는 마음 옥수수
고구마 밭 산돼지 고라니가
얼씬도 못하도록 산신령님
빌고 빕니다. 큰 소나무 아래서.

제 6 장

보은 회남
율림산방(栗林山房)

보은군 회남면 판장리

보은군 회남면 판장리 심산유곡 유배 생활을 시작한다. 맥고모자 푹 눌러쓰고 지, 필, 묵, 연 걸머지고 송산 박승배 선생님 체본 두어줄 받아 품고 문필봉 바라보며 속세간 세속 물결 거슬러 올라간다.

20리길 무인지경 오솔길 독사가 길을 막고 산딸기 군락 이루어 빨갛게 익어 산새들의 천국이다. 계곡물 돌돌 정겹게 흐르고 유배자 마음 헤아려 순진한 내 벗이어라. 전기도 전화도 없으니 세상과 단절되어 산천초목이 때 묻지 않았구나.

허름한 집 다섯 채 서까래는 나팔 불고 벽에는 황용이 지나 갔네. 대추나무 밤나무 고목되어 역사를 말하고 돌담 울타리는 다람쥐 숨바꼭질 놀이터이어라. 여기서 글도 쓰고 명필가 송산 박승배 선생의 필체를 습작하리라. 당호도 선생께서 율림산방(栗林山房)이라 내려 주셨으니 그 또한 영광이어라.

1945년 이전, 일제 강점기 그리고 한국전쟁 난을 피해 이곳에 정착하여 화전을 일구어 초근목피 목숨을 부지한 흔적 말이 없어도 가이 알겠구나. 도랑가 좁은 면적이라도 키 높이로 석축을 하여 군데군데 만리장성을 이루었네. 배고픈 서러움 악으로 지게 지고 괭이와 삽으로 논을 만들어 쌀밥을 먹자고 골이 빠졌겠구나.

뿔뿔이 떠난 난민들은 어느 곳으로?

버리고 떠난 전답은 초목이 자리 잡고 빈집 터는 잡초가 무성하다. 20리길 무인지경 이곳을 매입하여 계곡 물 좋고 초지가 좋아 가축을 방목할 생각으로 닭, 오리, 토끼 등을 풀어 놓고 며칠간 집에 다녀오니 개가 물으려고 덤벼들고 닭은 눈을 빼먹을 듯 안면을 공격하며 막대기로 제압하다 막대기가 부러져 겁이 났고 사료를 줌으로 진정되었다.

방목은 간식에 불과하고 주식으로 사료를 줘야하며 24사건 365일 가축과 같이 살아야 된다는 것을 깨달았다.

삼거리 입구에 한성농장이란 입간판을 크게 세우고 토종벌 사육장이라 한 것은 양봉업자가 못 들어오게 하는 수단이다. 그리하여 50통까지 번식했으나 경험과 관리 소홀로 실패했다. 밤나무 1,000주도 심어 5년차 수확이 시작되었다.

여기까지 많은 인력 필요해 인근 부락 노동력으로 80년도 당시 남자는 5,000원 여자는 3,500으로 일꾼 구하기가 쉬웠는데 어느 때인가 한 집 두 집 떠나가 인력난이 되었다.

2010년 고령화 시대로 농촌은 인력이 없고 일당 10만이라도 그런가 하면 고학년 고급 일꾼이 도시에는 넘쳐나지만 힘든 일은 안하려하니 젊은 실업자 늘어나 사회적 문제다. 그러므로 외국에서 인력을 수입하여 운영하는 현실이다.

보은신문 서기 1995년 5월 27일

(한영필씨) 대전광역시전 입선

자연을 소재로 문인화그리는 화백

【회남】 초야에 묻혀 하늘과 땅 물과 나무를 한폭의 그림으로 그려내고 그것을 멋드러진 시귀절로 표출 해내는 문인화 화백이 있다.

회남면 판장 2리에 사는 고송(孤松) 한영필씨는 틈틈히 그린 문인화 작품중의 하나인 대나무그림이 '95 대전

'95 대전광역시전 입상작. 사진은 한영필씨

광역시전에서 입선을 했다.

또한 현대문인화회 회장인 한영필씨는지난 20일부터 26일까지 대전 MBC 문화공간에서 현대문인화회창립전인 작품전을 갖기도 했다.

이런 한영필씨는 다만 산골짜기 마을에서 밤나무를 가꾸며 사는 한 촌로일 뿐인데 취미삼아 틈틈히 그려온 그림들이 이처럼 서울예술의 전당공모전이나 대전광역시전에 특선을 하는등 많은 작품의 입선으로 이름이 알려지기 시작했다.

한영필씨가 입선한 작품은 대나무 그림이지만 그가 정작 그리고 싶은 것은 그의 호가 고송(孤松)이듯이 푸르고 절개가 흔들리지 않는 수명이 긴 소나무를 그리고 싶다고 한다.

문인화(文人畵)는 삼국시대부터 그려온 그림으로 학자들이 사군자를 그리는 문인들의 그림이다.

한영필씨는 어려서 할아버지 밑에서 한문을 배우다 붓잡는 것이 익숙해지면서 접한것이 동양화이고 깊게 빠져든것이 문인화라고 하는데 지금은 각종 공모전에 출품해 수상을 휩쓸고 전국에 군의 명성을 알리는 문화인으로 살아가고 있다.

〈박범출 명예기자〉

6) 서기 1994년 8월 13일(음 7.7) 보 은 신 문

독자투고

농사일 의욕 갖도록 해야

회남면 판장리 한영필씨

예로부터 우리나라를 삼천리 금수강산이라 한다.

사계절이 뚜렷한 산야에서 질적으로 우수한 산물이 생산되는 천혜의 자연을 가진 복받은 우리 민족 우리 땅이다.

전국의 1/3이 농토인 우리는 농부의 자손이고 그야말로 신토불이(身土不二)다.

그러나 요즈음 개발 바람이 불어 산야는 거대한 도시와 공장으로 바뀌었다.

개발! 물론, 좋다.

그런데 상대적으로 농촌은 폐허가 되고 떠나가는 농촌이 되었다.

이제는 농촌을 개발하여 돌아오는 농촌을 만들어야 하는 것은 두말 할 것도 없다.

농민도 잘 살 수 있다는 확고한 신념과 농사일을 바람나게 할 수 있도록 소득을 늘려야 한다.

그러기 위해서는 농업기술지도, 각종 지원, 농민 노력들이 삼위일체가 되어 농민들의 생산의욕을 고취시켜야 하며 정부를 믿고 일하는 분위기를 고조시켜 잘 살 수 있는 농촌을 만들어 가야 한다.

그동안은 농민이 생산을 하여도 판로 문제, 시세 불안정으로 일할 의욕을 상실케 했다.

농민은 생산만을 하고 기타 문제는 각 부처에서 일익을 담당해 주어야 한다고 생각한다.

지금까지 농촌행정은 농민들을 달래기 위하여 아무 대책 없이 농자재만 좀 내주고 융자 좀 해주고 뒤에 결과는 흐지부지 되고 자재는 밭뚝에서 썩고 융자금은 농가의 부채로 빚만 되고 만셈이다.

그 자재들은 땔감으로도 못 쓰고 버려지니 공해만 유발시킨 결과가 되었다.

이제 문전옥답은 망초대만 무성하고 젊은 일꾼들은 도시로 떠나가 늙고 병들고 기동력 없는 노인들의 은신처가 되었으니 무엇인가 하려고 계획하여도 당장 인력이 문제가 되는 것이다.

옛날 농사 행정은 하향식으로 도로 주변에 특정인을 선정하여 기관의 높은 사람에게 보이기 위한 전시 행정에 불과하였고 어쩌면 관존민비 식으로 농정을 펴 왔다고 할 수 있다.

이제 그래서는 안된다.

이제는 그와는 반대로 농민이 주인이 되어 상향식의 지역 특성에 맞는 소득사업의 청사진을 제시할 때 어느 곳이든 달려와 물심양면의 협조를 아끼지 말아야 한다.

아울러 농민들도 내 지역 특성과 나의 여건에 맞게 무엇을 할 것인가 연구 노력하여 스스로의 운명을 개척하여야 된다.

힘든 일은 하기 싫고 일확천금의 꿈만 꾸고 정부가 무엇을 해 주기만을 바라고 또 비판만 해서는 안된다.

국제화 시대, 수입개방화 시대에 우리가 살아남고 성공할 수 있는 길은 부단한 노력과 연구하는 마음 가짐과 정신이 중요하다고 생각한다.

진짜 꿀 가짜 꿀

필자는 천안 풍세면 근교서 벌 몇 통을 기르는 사람이다. 꿀 하면 가짜 꿀을 연상케 된다. 가짜 꿀 진짜 꿀은 눈으로나 맛으로나 구별하기 어렵다.

꽃에 따라 색깔이 다르고 맛도 다르다. 자연에서 꽃꿀을 먹고 와 벌집에 저장하고 날갯짓으로 수분을 날리며 숙성하는 과정에서 습도가 적당하면 봉(封)하게 된다. 꿀을 뜰 때 예리한 칼로 깎아내고 (봉한 부분) 꿀을 떠야 이것이 진짜 꿀인 것이다.

꽃에 따라 아카시아꿀, 밤꿀, 잡화꿀로 구별하고 아카시아꿀은 맑고 향기가 좋아 식용으로 선호하고 밤꿀은 검고 씁쓰근하며 약이 된다 하고 잡화꿀은 누리끼리하며 여러 가지 꽃꿀인데 대개는 잡화꿀을 좋아한다.

위와 같이 진짜 꿀을 뜨고 나서 여름 장마철 무밀기(無蜜期)에 벌의 먹이가 부족하면 사양 꿀(설탕)로 보충하여 벌을 키우며, 그리고 월동(겨울) 먹이로 사양한다. 이듬해 봄 아카시아 필 무렵 월동에 먹고 남은 사양 꿀을 전부 빼내고 벌들이 천연 꿀을 들이면 완숙된 진짜 꿀을 뜬다. 양봉하는 대다수 사람들은 진짜 꿀을 생산하며 꿀벌 앞에서 올바르지 못하면 곤충 앞에서도 쪽팔린다.

진짜 꿀 1병(2.4kg) 5만 원이라면 꿀 1병(2.4kg) 2만 원, 3만 원은 가짜 꿀이라고 생각하면 된다. 벌이 설탕물을 먹고 토하면 꿀 냄새는 난다. 그러나 설탕이 몇 %나 들어 있느냐는 알 수 없고 또 가격에 비례되는 것도 아니다.

사양 꿀을 다량 생산하여 제과 공장으로 납품한다. 식품공장에서는 진짜 꿀을 사용할 수 없으므로 가격이 싼 사양 꿀을 이용(移用)하는 것이다.

소비자는 진짜 가짜 꿀을 구별하기 어려우므로 가격을 보고 선택하여야 한다.

벌은 토종벌과 서양벌이 있으며 따라서 토종꿀과 양봉꿀이 있는데 토종꿀은 1년에 한 번 채밀(꿀을 뜸)을 하는가 하면 양봉은 수시로 채밀하는 것이다. 그러므로 가격 차이는 4~5배 비싸다. 양봉도 1년에 한 번 꿀을 뜨면 토종꿀과 다름이 없다.

꿀의 선택은 현명하신 소비자의 몫이며 싼 게 비지떡이라고 싼 꿀은 가짜로 생각하고, 생산자는 양심으로 소비자와 생산자가 신뢰함으로 양봉계의 발전에 기여하기 바란다.

시골 장날(회인 5일장)

내일 일군 더 데리고 오시유.
내일 장날이라 못 와유.
장에 안 가는 분 오세유.
알고 보니 장날은 집집마다 장에 간다. 5일장날은 공휴일이다.

팔러 가는 장거리도 없고 또 사 오는 것도 없는 듯하다.
하기사 5일장마다 팔고 사는 장거리가 뭐 있겠는가.
남들이 가니 나도 한번 따라가 보았다.

장터에 사는 주민들이 상권을 잡고 장돌뱅이는 난전에
포장을 깔고 전을 펴니 만물상이다.

장터 주민들은 저마다 전문분야를 취급한다.

생필품상, 고추방아, 기름집, 정육점,
국밥집, 찐빵집, 변두리에 대장간,
뻥튀기 등등 진풍경이다.

시골장 풍경

좌판대에 누워있는 고등어씨 꽁치씨 장마다 구급차에 실려 피곤한 듯 까칠하다. 내시경으로 살펴보니 척추, 갈비 다 드러나 중증이다. 염도는 소금에 절어 굳어 버렸다. 그래도 주인 찾아 5일장에서 생을 마감한다.

볼일 없이 시장통을 오르내리며 아는 사람 만나 서로 반긴다. 안부 전하며 막걸리 한 대접 나누며 세상 이야기한다.

아낙네들도 반기며 서로 소식을 묻는다. 허풍이네 며누리 본다며? 거시기네는 딸 시집보낸다며, 어느 날이랴? 동네방네 참견이다. 국말이 밥 한 그릇도 못 먹고 남자들은 얼근하게 취하며 해질 무렵 기진맥진 20리길 집으로 돌아온다.

큰골 큰아저씨 장보따리 무언가 들어있다. 그것은 돼지 부랄, 허파, 부끄러워 남모르게 보쌈 당해온다. 숯불에 왕소금 뿌려 구워 앞집 옆집 다 불러 주전자 바닥이 나도록 이웃사촌 정겹다.

20번째, 대전 서구 괴정동 단독

세상에서 가장 훌륭한 분은 누구냐고 물으면, 나는 우리 어머니라고 말한다. 학식이란 언문을 깨우쳤을 뿐 견문도 넓지 않은 가정 아낙네지만 효녀 심청, 한석봉 어머니, 열녀 성춘향 세 분들의 깊은 뜻을 품고 사셨기 때문이다.

그러나 인생 말년에 자식에 효도를 받지 못하고 외아들에 의지하여 오늘도 뒤따르며 불편한 심기로 살아야 하기 때문이다.

21번째, 대전 서구 괴정동서 탄방동 주택

모자는 또 인근 주택으로 이사한다. 마당에 화단도 있어 토마토, 가지, 오이도 올려 쾌적한 환경, 그리고 오동나무 그 나이를 계산할 만큼 자라 바람이 휙 휘파람 불면 오동나무 열매 달각달각 답례를 한다.

서화를 연습한다고 테이블을 크게 만들어 연습을 하지만 재주가 메주라 제자리걸음이다. 낮에는 개나리 아파트 사무실에서 습작을 하며 회의실과 통로에서 작품을 걸어 선보이기도 했다. 그런 세월 팔순 노모는 마당을 서성이며 외로움을 삼키신다.

22번째, 충남 연기군 금남면 축산리

청룡 백호 양나래 포근히 감싸 안긴 마을
앞산은 황소가 누워 한가로이 새김질하는 형국이라
그 새로 실개천이 흘러 축산을 안고 돌아와
넉넉한 인심을 살핀다.
후원은 죽림으로 병풍을 둘렀고
학마을에는 백학이 훨훨 장수춤을 춘다.
봄에는 씨앗 뿌려 여름에는 청실(青實) 가을에는 홍실(紅實)
겨울에는 풍물을 치며 화합을 다지네.
서로 존경하고 사랑하며 남을 먼저 배려하니 그 또한 으뜸이라.
살기 좋은 금남 축산마을.

연기군 공보신문 기재

삶이 그대를 속일지라도

—러시아 푸쉬킨의 시 (한구절 인용)

삶이 그대를 속일지라도
슬퍼하거나 노하지 말라

슬픈 날을 참고 견디면
즐거운 날은 오고야 말리라.

마음은 미래를 바라느니
현재는 한 없이 우울한 것

모든 것 하염없이 사라지니
지나가 버린 것 그리움이 되리라.

어머니

훌륭한 인물이 누구냐고 묻는다면 나는 우리 어머니라고 말을 했다. 지금도 마찬가지다 . 자식들 앞에 부끄럽지 않고, 힘든 가정을 끌고 나갔으며 남에게도 좋은 분으로 남았기 때문이다.

그런데 왜 박복할까. 위선자(僞善者)는 천보지이복(天報之以福)이라 하였는데 착한 일을 하는 사람에게는 하늘이 복을 주신다 하였는데, 유불선 종교 가르침에도 선(善)은 축복을 받는다 하였는데 인생(人生)은 헛되고 헛되도다.

하늘나라에서는 축복받고 행복할 것이다. 한 점 부끄러운 일이 없다고 아들로서의 이야기가 아니고 모두가 공감하는 어머니의 삶을 알기 때문이다.

어머니시여

섭섭한 일 많지만
가슴에 묻으시고
살아오신 어머니
모실 길이 전혀 없네.

때늦은 후회를 하네.
불효막심 못난 놈
7월이라 보름달 빛
안고 가신 어머니.

동행할 수 없는 길에
눈물로 보내 드리네
뒤돌아보지 마세요.
불효막심 눈물샘.

자식들아 이 애비는

늙은 애비 걱정은
두어 줄로 안 되는가.

젊은 아내 걱정은
구구절절 가득하다.

그래도
자식 걱정에
이르는 말이 차 조심

허리띠를 졸라매고
푼돈 모아 길렀는데

못 배운 부모들은
입도 벙긋 못한다.

자식들
울타리 삼아
기른 마음이 허허롭다.

23번째, 금남의 대평리

대전 탄방을 떠나 축산리 빈집으로 이사한다. 집을 다시 손을 보아 어머님 모시고 도시보다는 생활비가 적게 들기 때문이다. 재래식 부엌이라 나무를 때 취사를 하고 난방을 하기 때문에 전기세만 내면 된다. 나무는 건축 현장에 가면 화목으로 얼마든지 가져올 수 있어 좋았고 황토방을 만든다고 주민 사람의 도움을 받아 황토로 꾸미고 거기에 서재를 만들어 서화할 수 있는 준비가 되어 공모전에 응모하려 준비하는 중, 집이 팔려 옆집으로 이사하게 되어 중단하고 집수리에 들어간다. 가는 곳마다 집만 손질해주고 이사하기를 수십 차례 산수의 나이에 29차례 이사를 많이 한 사람으로 기네스북에 등재할 수도 있다. 자랑은 아니고 80의 나이에 이사 많이 한 것이라 생각한다.

어머니의 실명

안타깝고 불행한 일이다. 한집에 안 살고 대화가 없기 때문이지만 본인이 생각할 때도 나이 많아 오는 노안이지하고 당연지사로 생각하고 자식에게 부담 될까 하여 말씀을 안 하시고 자식도 노안으로만 생각하고 심각한 줄은 몰랐다.

그런데 안 보이는 상태가 심하여 대전 권안과로 갔다. 백내장인데 안압을 체크해보니 너무 높아 수술을 지금은 못하고 약을 먹고 안압이 떨어진 다음에 하자 하여 믿고 돌아와 다음에도 안압은 있으나 수술하자 하여 수술한 결과 마찬가지 안 보인다 하여 다시 상담하여도 수술은 잘 되었다는 말뿐 환자로서는 할 말이 없다.

그래서 다른 안과로 가보았더니 실명입니다. 녹내장이 심해 실명되었다 한다. 백내장 수술만 하면 될 줄 알았는데 실명이라니 청천벽력이었다.

팔순이 훨씬 넘은 연세지만 남은 생을 어떻게 살 것인가 걱정이다. 권안과서 오진, 수술을 함으로 비용만 내고 고생만 하여 항의하였으나 수술은 잘 되었다는 말만 되풀이한다.

최종적으로 충북대 병원서 진단한 결과 수술해봐야 성공률이 5%밖에 안 된다 하여 포기하였다.

노안으로 생각했다가 갑자기 맹인이 되니 캄캄한 세상 어떻게 하루하루를 보내는 그 심정 어떠할까 당사자만이 알 것이다. 자식의 무관심으로 지금 와 생각하니 마음이 아프다. 부모 불효 사후회라 했던가, 알면서 효행하지 못한 죄 더 크다. 화장실도 못 찾고 네 방구석을 엉덩걸음으로 헤매시었다.

내가 감당 할 수 없어 간병인을 구해 봤으나 농촌에서 간병인 구하기는 더 힘들다. 그렇다고 먼 곳에서 올 수도 없는 노릇이다.

송림사 주지 덕운 스님이 방문하셔 나의 고충을 알고 노인 복지 요양원을 소개해 주었다.

그곳이 공주 우성면 죽당리 금강원 복지 시설이다. 그러나 나는 어머니를 복지 시설로 보낼 수 없다 하여 승낙 안 하고 어떤 곳인가 하고 비밀리에 현장답사를 했다. 주변을 살피고 돌아왔다. 다음에 또 그곳을 찾아 내가 내 마음을 허락받아 시설로 모시기로 결정하였다.

나도 어머니 따라 그곳에 가기로 결심하고 원장님께 선생들의 기숙사 독채를 승낙 받아 지, 필, 묵 서재를 차려놓고 서화를 자유롭게 할 수 있도록 조건을 제시하여 허락받았다.

만학에 길을 가겠다는데 나쁜 뜻이 아니므로 승낙을 받아 책과 책장을 싣고 대평리를 뒤로하고 마을 사람들은 작별의 손을 흔들어 송별하여 이곳이 타관이지만 도와주신 여러분께 감사를 드린다.

인재명(人在名) 호재피(虎在皮)란 말이 있다.

나 비록 떠돌이 인생이지만 죽어서는 이름이 남지 않더라도 살아서 잠시나마 기억해 주는 좋은 인간이 되고 싶다.

제 7 장

국궁(활) 호연지기

연기군 금남면 발산리의 금덕정

우리의 숙원이었던 금덕정을 새로이 신축하여 이곳에 우뚝 준공을 필하였다. 뒤에는 금강이 흐르고 앞으로는 시원하게 뚫린 도로와 사방으로 둘러싸인 산세는 어머니의 젖가슴처럼 따뜻하고 포근하다. 태풍도 비켜가는 천혜의 터전 금덕정!

지금부터 20여년 전 시설도 미약하고 지도자도 없이 힘자랑이나 하듯 강궁(强弓)을 구입하여 쏘아댔다. 이 인고의 세월이 흘러간 오늘 모든 사원은 올바른 습사를 익혀 실력을 유감없이 발휘하여 전국 각종 대회 참가해 여러 차례 입상한 것은 금덕정의 자랑이며 연기군과 금남의 명예로운 것이다. 국궁은 민족 고유의 전통문화이며 나라가 위태로울 때 적을 퇴치하는 유일한 무기로 나라와 민족을 구하였다. 오늘날 국궁은 나의 건강을 지키는 운동으로써 으뜸이며 남녀노소 누구나 할 수 있는 건강운동이다.

체력을 위하여 걷기, 달리기, 등산 또는 고가의 운동기구를 방에 들여 놓고 시작하였지만 작심삼일이 되고 만다. 그러나 활은 쏘면 쏠수록 날로 발전하고 흥미진진하다. 활줄을 당겨 화살을 보내면 포물선을 그리며 날아가는 시선 따라 과녁을 꽝하고 관중하면 그 쾌감! 쌓였던 피로와 스트레스가 쏜살과 같이 날아가 버린다. 상대가 없어도 할 수 있고 남녀노소 누구나 할 수 있는 것은 본인의 체력에 맞게 활과 화살을 선택하면 전혀 무리가 없다. 또 안전하고 부상당할 염려도 없다.

국궁은 우리의 것, 우리의 것은 좋은 것이며 또 세계적인 것이다. 태권도는 우리나라가 종주국으로써 전 세계에 퍼져 올림픽 정식 종목으로 채택되어 국위를 선양하는데 우리 국궁도 그날이 오기를 기대하여 본다. 젊은 세대가 대거 참가하고 학교에서는 인근 국궁장을 활용하여 체육시간에 선수를 육성하여 우리의 것임을 널리 알려 그들로 하여금 세계에 진출하여 사범으로써 많은 국궁인구를 양성하여 아시안게임이라도 열 수 있도록 궁도인 여러분은 희생적 정신을 발휘하기 바랍니다.

금남의 자랑 금덕정!

조상의 슬기와 얼이 담긴 스포츠

예부터 대중화된 무예로 역대 왕조와 문무백관이 즐기고 양반의 자제가 익히고 심신단련과 장부로써 호연지기 길러왔으며 세계서 가장 우수한 민족궁이다.

남녀노소 누구나 할 수 있고 생활체육이다. 상대가 있어야 하는 운동이 아니고 혼자서도 하는데 자기와 과녁의 관계에서 이루어지고 전국 340여 곳에 궁도장이 있고 궁도인만도 3만여 명이고 전국대회 개인전 단체전이 있으며 도별대회 등 다양한 대회가 많다.

우리 활의 역사는 원시 수렵시대부터 목궁을 사용해왔고 전쟁무기로도 사용해 호국강병을 양성하기 위하여 연구발전해왔다. 삼국시대 고구려 각 궁을 만들어 오늘날 우리가 자연속 소재로 만들어 세계적인 최고의 활로 인정받고 있다.

노약자라도 맞춤형 활과 화살이 있어 한두 달만 연습하여도 145m의 거리를 통과하여 관중도 할 수 있다. 상대가 없이 혼자서도 할 수 있고 저렴한 비용으로 심신을 수련할 수 있으니 최적의 생활 스포츠다.

오늘날 세계를 제패하는 양궁은 궁도인들이 외국에서 들여와 국내에 보급시킨 것이다. 우리 국궁도 동남아를 시작으로 사범을 파견하여 지도 육성함으로써 태권도와 양궁과 같이 세계적인 스포츠로 받돋움할 수 있도록 궁도협회와 국가에서 지원하고 육성하여 궁도인들이 많이 배출되어 아시안게임을 개최하고 점차 세계올림픽까지 갈 수 있는 동남아 각국에 국궁 교실을 열어 궁도인을 양성할 필요가 있다.

최고의 활을 만드는 기술, 많은 궁도 사범 등 풍족한 자원을 활용 못하는 일들이 참으로 아쉽다. 우리 것은 소중한 것, 수출하여 국위선양에도 기여하도록 우리 모두는 뜻 모아 세계화되기를 기대해본다.

國弓에 入門한 動機

활쏘기 친목오락

한국화 오당 선생님

문하 한국묵화회 회장으로 있으면서 연중행사로 야외친목대회, 즐겁고 보람된 행사가 뭐 없을까 하던 중 활쏘기 시합을 해보려고 활을 만들고자 대나무 휘어 만드는 작업을 하는데 이웃주민이 그렇게 애쓰지 말고 대평리 가면 활터가 있으니 그 곳에 가보시오 하면서 최명섭 고문을 소개 받아 활에 대한 이야기를 듣는다.

망설임 없이 금덕정에 입문하게 된 것은 한국묵화회 행사준비가 쉽게 해결되어 활과 화살 그리고 과녁은 양궁 과녁 실물과 같이 만들어 행사준비가 완료되었다.

그런데 실전에 있어서 생각보다 쏨세나 10m밖에 있는 과녁도 명중을 하지 못한다. 오락적인 것이지만 쉬운 일이 아니었다. 그러나 분위기는 아주 좋았다.

시위를 당기며

눈 뜨는 희망으로
과녁을 향한다.
꼬리를 휘젓는 게
깃 떨어진 화살이다.

추락의
운명이 땅 찍어
허탈함을 삼킨다.

밀고 당기는 줄
단전에 숨 가두고
배꼽에 힘을 주어
초점을 맞춘다.

시위를
당겼다 놓아
관중으로 파고든다.

아산 전국대회 마치고

아산정 전국대회 좋은 성적 신바람 나게 금덕정에 도착하고 다시 내 차 타고 집으로 오는 길, 어머니 홀로 온종일 기다리는 마음 생각하면서 좌회전 건너는 길, 잠시 주춤 저 멀리서 오는 승용차 나를 들이받아 튕겨져 나가며 대기하던 봉고차와 충돌하여 3중 충돌이다. 승용차에는 5인이 밖에 나와 고통스럽게 앉아있어 다행히 중상자는 없는 듯하다. 시간대는 어스름한 때라 현장조사는 다음날 하기로 되어 집에 돌아오니 밤 12시 교통위반은 내가 했으니 그 책임은 어떻게 할 것인가 밤새 잠을 못 이루었다.

아산 전국대회 마치고

현장조사 결과

이튿날 가해자 피해자가 참관하여 파출소서 현장조사하고 조서를 꾸민다. 불문가지, 가해자가 나라는 것을 알고 있다. 다시 군경찰서에서 재조사하여 피해액만 천여만 원이 산출되어 나의 몫이었다. 소 잃고 외양간 고치는 일은 예기된 일이라 생각되지만 불시에 일어난 사고였다. 사건 수습으로 직장도 결근하고 일생일대 큰 환란이었다. 피해액 변상도 못하고 사회봉사 15일간으로 일단락 지었고 직장도 다시 나가게 되었다. 여러 사람에게 미안하고 여러분이 고마웠다.

1980년에 운전면허를 취득하였고 그 당시 대전에는 차가 몇 대 안 되었다. 짐차, 승용차, 여러 종의 차를 바꾸며 사고도 3~4번 났으며 음주도 아니고 과속도 아니고 안전불감증으로 낸 사고다.

안전불감증이란 규칙을 지키지 않고 부주의하고 망각하기 때문이다.

마음을 비우고

충남북 궁도대회서 2등을 했다. 일기상태도 매우 나빴다. 비 오고 바람 불고 이른 봄이라 춥기도 했다. 나는 활 쏘는 솜씨가 없어 더구나 날씨가 악조건이고, 그리고 타정에서 큰 대회가 열려 심적으로 떨리기도 하겠지만 날씨가 추워서 육체가 떨렸다.

입상은 생각지 않고 과녁을 향하여 연습같이 쏘아댔다. 그런데 명중률 집계서 내가 2등이라 한다.

많은 대회 나가 분에 넘치는 욕심을 내어 꼭 맞추어야 한다는 강박관념으로 낭패를 보게 된다. 오래 전 얘기지만 미술대회 나가서도 그런 경험이 생각난다.

등수에 여념하지 않고 마음을 비우고 편히 가지고 최선을 다한 결과 1등을 하게 되었다. 내가 감히 오늘 할 수 있을까. 자포자기하는 것은 아니지만 마음을 비우게 되고 편하게 되었다.

충남북 궁도 대회 과녁을 향해

무덕정에서 활을 접으며

솔방울 향 참 좋은데
어디 숨어있을까.
덕명골 솔바람은
시인의 숨소리다.

솔바람
솔솔 밀어줘
쏜살이 명중한다.

금덕정 친정서 자라
활 쏨세를 배웠는데
무덕정 시집와서
화살도 쇠진한데

가난한
시집살이가
유성천에 비친다.

장부의 호연지기
혼자서도 할 수 있고
화살이 적중하면
그 쾌감 누가 알까.

떠나는
마지막 모습
노을빛도 서럽다.

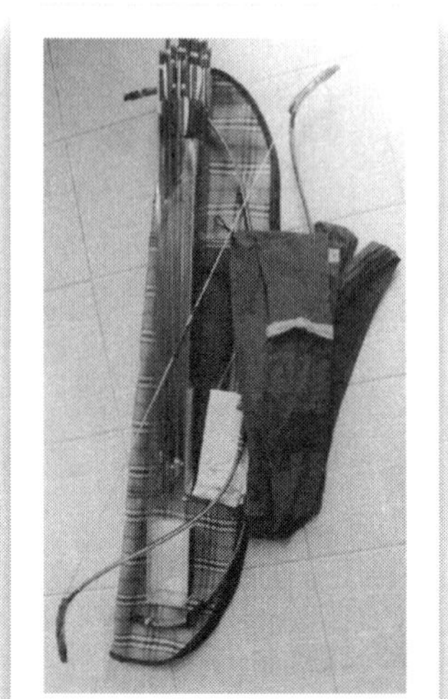

과녁아

배꽃 같이 하얀 네 얼굴
한 일 자 섬은 눈썹 보름날같이 둥근 정열적인 네 눈동자.
나는 너를 사랑한다.
나는 네 눈에 시선을 보내주지만
너는 외면하는구나.
네 입술이 아니어도 좋다. 정열적인 네 눈동자가 아니어도 좋다.
네 얼굴 한구석이라도 입맞춤 해다오.

애써 다가가면 폭삭 주저앉고 좀 더 다가가면
훌쩍 넘어가고 앞으로 뒤로 피해가는 너, 내 모습이 부끄럽구나.
가슴이 벅차오면 숨을 멈추고 떠나보내야 되는 것을
나는 왜 그토록 살짝 놓지를 못할까. 뿌리치고 떠나보낸 나는
아쉬웁고 후회도 핑계도 많다.
오니바람 촉바람 뒷바람 앞바람 몰라보니 다 내 잘못이다.

과녁아, 나 어떻게 하면 되겠니?
너를 향한 정열 가슴을 비우고 알몸으로 계산도
없이 너를 향한 일편단심 오늘도 자정대회
너는 나를 외면하고 있다.
창백한 얼굴 빨간 영산홍 되어
저녁노을 밟으며 돌아서야했다.
과녁아 사랑한다.

너와 나

좀손을 잡을 때마다
나근나근한 현(弦)은
느낌이 참 좋았지
멀리 눈을 마주보며
입맞춤으로
행복한
나의 희망이었지.

말 없이 떠나간 너
그 길을 찾아야한다.
내 몸가짐이 나쁜가,
마음도 비워야 하는
어느 날
다시 오려나
꼬옥 찾아야 한다.

편하고 조급하면서
간사스런 내 마음
나의 잘못이었다.
홍심은 애타 기다린다.
반드시
사랑하리니
궁시야 돌아오라.

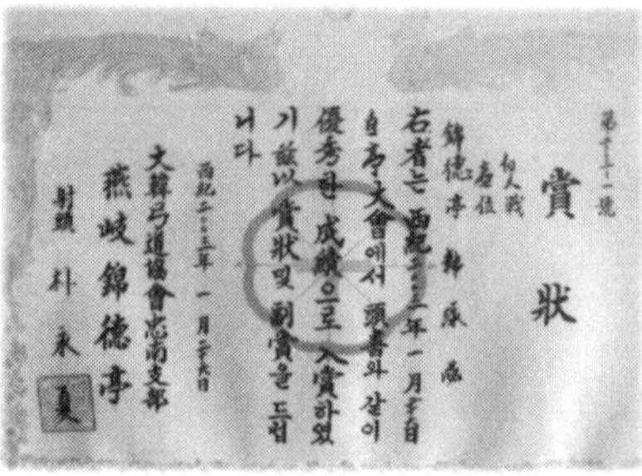
賞狀
錦德亭
右者는 西紀 … 自亭大會에서 頭書와 같이 優秀한 成績으로 入賞하였기 玆以 賞狀및 副賞을 드립니다
大韓弓道協會忠南支部
燕岐錦德亭
射頭 朴永

* 현(弦) : 활줄
* 궁시(弓矢) : 활과 살
* 홍심(紅心) : 과녁 한가운데 빨간 둥근 부분

충남 아산시 배방읍 갈매리 배방정(배방활터)

— 활쏘기를 포기하며 돌아서는

금남면 백로마을 오고가던 금덕정, 자전거 페달을 밟으며 마음부터 앞선다. 145m 사정거리 구척장군 심장을 꿰뚫는 날, 사무치는 그리움 첫사랑에 골인한다. 흰옷을 여미고 마음을 비워 잡는 손 설레인다.

금덕정에서 만난 첫사랑 대전 무덕정으로 전입하고 바늘 가는데 실 가듯이 일방통행이다. 그런데 공주서 천안 잠시 쉬어가게 된다. 만날 것을 소망하며 그리움도 즐겁다. 그런데 어느 날 먼 거리서 바람에 나부끼는 빨간 깃발을 보았다.

남관천 하천 둑을 타고 얼마를 가다보니 그대가 있는 곳 너무 좋아 손을 잡는다. 싸늘하다. 그대가 나를 이긴다. 서로 사랑하지만 뒤돌아서야 한다. 그처럼 만나기 위해 잊을 날 없이 기다렸는데 미련 없이 뒤돌아서야 할 운명이다. 몇 년 동안 공백 기간이 문제였다. 이제는 다 틀렸다. 사랑하는 이에게 배신당하고 아니 내 탓이다. 내 잘못이다.

강둑을 나 혼자 걸어야 했다. 돌아서는 발걸음은 무거웠다. 장부로서 호연지기를 길러왔지만 만추의 둑방길은 잡초도 쓸쓸하고 나 혼자 슬픔을 삼키며 황혼의 길목에서 만감이 교차한다.

옛날 일일랑 모두 다 묻어버리고 심신을 추슬러 일상으로 돌아가자. 세월 가면 다 그런 것을 받아들여 스스로 위안을 하자.

후회도 많고 아쉬움도 많지만 그것은 다 지난 일이다.

해는 점점 서산으로 기울고 가을 들국화 많이 향기롭다.

24번째, 금강원

금강원은 정관 스님이 건립한 노인요양시설이다. 충남 공주시 우성면 죽당리에 신설하여 노인들의 안식처가 되어 많은 분들이 안락하게 지낸다. 가족이 있어도 보호를 받지 못하는 무의탁 노인 등 각종 질병으로 가정에서 수발을 하기 힘든 노인들을 모셔 단기간 또는 장기간 편안하게 모신다. 이 곳 금강원 노인요양시설에 의탁할 수 있는 노인들은 그야말로 축복받은 분들이다.

금강원은 공주시 버스터미널에서 창양방면으로 오다가 공수원에서 좌회전을 하여 승용차로 약 5분 거리에 좌측을 살펴보면 금강원 진입표시가 있다.

200m 전방에는 금강이 유유히 흐르고 뒤로는 사마산이 웅장하게 금강원을 품어 안고 주변의 산들은 이 터전을 향하여 뿌리를 내려 산의 정기와 강의 청량함을 함께 볼 수 있는 천혜의 터전이다.

정관 스님

이 터전에 정관 스님은 노인요양시설을 펴서 불철주야로 노인들을 위하여 몸바쳐 일하신다. 이는 부처님이 주신 사명이며 하늘이 내리신 분이다. 노인들에게는 어버이 같기도 하고 자매 같기도 하여 모두 한 가족처럼 지낸다. 원장으로써 공무는 물론이고 새벽에 기상하여 먹거리를 구입하여 직원들 출퇴근을 시키며 노인들의 수발까지 들고, 한때는 청소년 수련관장으로 청소년을 올바른 길로 지도육성하고 나아가 지역주민의 심신수련장으로 복지시설을 제공하여 건전한 정신함양을 위해 봉사하신다. 좋은 일을 하기 위해서는 육체적인 어려움도 감내하기 힘들겠지만 정신적 어려움도 많을 것이다. 노인들을 맡겨놓고 나 몰라라 하는 사람들 때문에 충격을 받는 것 같다.

김병주 사무장

금강원의 김병주 사무장은 꼭두새벽부터 밤늦게까지 노인들을 위해 몸을 던져 일하시는데 다재다능하여 혼자서 3~4역을 하시고 좋은 인품과 따뜻한 마음 천성적으로 타고나신 분이시며 애써 하시는 일을 도와드리고 싶지만 힘이 되어드리지 못하여 미안할 뿐이고 여러 일을 처리함에 있어 공평무사하시어 늘 감사하게 생각한다.

오늘을 사는 노인들은 일제 강점기와 6.25 동란을 겪고 폐허의 땅에서 이 나라를 재건하신 어른들이시며 어려운 시절에 열심히 일 하셨고 아들, 딸을 많이 낳아 교육시켜 국가사회에 이바지하신 분들이시다. 이 곳 금강원에 계신 노인들은 규칙적인 생활, 음식 조절, 운동으로 몸을 단련하기 때문에 쾌적한 일상을 보낸다. 따뜻한 난방, 쾌적한 실내 환경으로 인하여 병을 갖고 오셨던 분들도 자연스럽게 건강을 되찾기도 한다.

금강산 바라보니 경치가 좋구요
살림살이 돌아보니 근심도 많다
앞산에 진달래는 다시 피건만
북망산천 가신 님은 언제나 오나.

기저귀를 차고 앉아 부르는 소리는 애달프기도 하다. 한 옆에서는 토드락 토드락 실랑이를 하기도 한다. 아무 의미도 없고 특별한 감정도 없는 다툼이라서 재미가 있다. 이것이 삶의 모습이 아닌가 싶다. 이렇게 하루는 지나가고 또 내일이 오고 희로애락의 연륜이 교차된다.

이 곳 금강원 노인들은 말년의 안식처요 안락한 죽음을 맞이하는 쉼터이기도 하다. 궂은일을 마다하지 않고 노인들의 수발을 드는 여러분께 감사의 마음으로 박수를 보낸다. 금강원 할아버지와 할머니들의 무병장수를 빕니다.

원장님! 노인들의 어버이 되시는 금강 스님 항상 건강하시고 부처님의 가호 있기를 기원하며 저 또한 감사합니다.

사무장님! 밤낮으로 애쓰시는 사무장님 존경스럽습니다. 자식은 있어도 보호받지 못하는 노인들을 지극정성으로 돌보시는 사무장님! 궂은 일을 마다하지 않으시고, 나도 노인의 한 사람으로 함께 살았지만 항상 고마워 잊지 않고 감사를 드립니다. 사무장님 늘 건강하십시오.

부처님 앞에서

증오도 불신도 다
지나간 수레바퀴
사랑도 용서도
돌아오는 수레바퀴
둥글게
마음을 비우고
오늘 하루 넘깁니다.

사마산 그늘 아래
해를 안은 금강 굽이
행복한 향기가
푸르게 자랍니다.
부처님
간절하게 부르며
빈 머리를 숙입니다.

때 묻은 세월을
갈아엎고 다듬어서
부드러운 땅 위에
꽃씨를 뿌립니다.
한세상
엉킨 실타래
풀어보며 지냅니다.

* 사마산 : 공주 우성면 죽당리에 있는 산. 금강과 맞닿아 있음.

치매 할머니 넋두리

이 빠진데 박씨 박고
흰머리에 먹칠하고
아우당네 놀러가세

저 놈 누구냐
여자들만 사는데 웬 놈이냐
뭐 달래러 왔어
응큼한 놈아 나쁜 놈아
저 놈 내쫓아라.

너 이년 어디있다?
인제 오냐 지금이 몇시야
다 큰 년이 어딜 쏘다니다
밤중에 오냐 미친년아
너는 죽었다.

* 금강산 쳐다보니 경치가 좋구요. 살림살이 돌아보니 걱정이구요. 위 말은 다 맞는 말이다. 그런데 혼자 하는 말. 치매 상태에서 지난 삶의 애환이 자신도 모르게 나오는 넋두리다.

25번째, 대전 유성 궁동

2004년 유성 궁동으로 독거로 이사하여 그래도 심신이 편안한 마음으로 외로운 천정에 형관등과 함께 휴식을 취한다. 1966년 즉 50년 전 이 곳 온천을 찾아 5일 동안 온천을 한 기억이 난다. 손바닥과 팔뚝에 건선피부와 손발톱 무좀균으로 보기 흉하고 온천욕이 좋다하여 5일동안 욕탕에서 시간을 보냈다. 온천욕은 피부질환이나 속병에도 효험이 있다지만 나는 역효과 오히려 더 악화되었다. 그 당시 유성온천은 만년장 원탕이고 유성호텔이 있었고 주변은 한산하고 지금 생각하면 시골대중탕에 불과한 기억이다.

26번째, 대전 유성구 덕명동 목씨(睦氏) 집으로 이사

유성 궁동에서 덕명동 목씨(睦氏) 집으로 이사하게 된다. 이곳은 복용공원이라 하는데 공원으로써 시설은 전무하고 복용 승마장과 무덕정 활터가 있다. 민가로써 집 한 채, 이곳으로 이사했으면 한 것은 활터가 있어 저녁을 먹고 나도 활을 쏠 수 있고 문예대학에도 나가 시 교육을 받기 편리하겠다 생각되어 방 한 칸 사정사정하여 이사하게 되었고 추녀 밑에 주방을 꾸리고 아내와 같이 생활하게 된다. 그런데 이 집은 목씨 집안의 제실이라 서책을 옮기고 안채로 이사 아닌 이사를 하게 된다. 그럭저럭 또 일 년이 지난다.

27번째, 공주 우성면 대성리 대문안

집주인은 리헌석 시인은 문학 평론가시며 대전 예술단체총연합 회장의 자택인데 잠시 비어 있음으로 그 곳에 이사하는 것이 어떻겠느냐 하시기에 가기로 결정하였다. 죽당리서 공주로 나오려면 이 마을 앞을 지나가는데 작은 산맥이지만 승천하는 용의 형상으로 마을을 품어 안아 안정감과 순탄해 보였다. 아무 연고도 없지만 그저 그렇게 느낌을 받았다. 그런데 리헌석 회장께서 말씀을 할 때 내가 본 그 동네였으면 하였는데 현지에 가본 즉 내가 생각한 그 마을이었다.

흡족한 마음으로 청소를 하고 주변을 정리했다. 비어있던 집이라 할일이 많았고 텃밭도 있어 묵었던 땅이라 할일이 많았다. 며칠 동안 작업으로 어느 정도 정돈되어 숨을 돌린다.

때는 봄인지라 삼라만상이 소생하는 따사로운 봄기운, 나도 봄기운에 이끌려 용의 등을 타고 오른다. 정상에 올라보니 고속도로가 나면서 용의 목이 잘려 나갔다. 수 10m의 깊이 낭떠러지 완전히 잘렸다. 뒤돌아 하산하여 꼬리 부분은 유구천에 맞닿아 있다. 궁금하였던 마을 뒷산 승천하는 용의 모습이 나홀로 무식한 소견이 뭘 안다고 폼을 잡았는가 잠시 살 집이지만 이 집터도 잘 들어섰다.

한국 산, 야, 강 자연상태로 보존되지 않고 개발로 산(山)은 허리가 동강나고 강(江)은 물길을 돌려놓고 들(野)은 공장과 아파트 숲으로 숨막히는 공해에 시달린다. 산(山)이나 바다에도 철근 콘크리트로 교각이 세워지고 풍수지리 학설로는 혈이 끊어져 사산(死山)이 되고 50년 전보다는 산림녹화는 되었지만 잡목만 무성하고 경제림은 없으니 국토의 70%가 산(山)인데 산에 대한 소득은 없으니 걱정이 된다.

육관 도사 풍수 명당 이야기는 반신반의 하면서 신비로운 이야기에 반한다. 그의 말은 곧 풍수지리다. 그는 정계 재계 주요 인물들의 묘터는 물론 중국, 일본 등 정계 유명한 분들까지 직접 묘터를 잡아 주셨으니 가히 유명하다 아니 할 수 없다.

육영수 여사 묘소는 냉혈이라 썩지 않는다고 하니 난처했다. 묘역을 조심하여 모셔야 하는데 말이다. 김정령 선생은 대명당을 두고 악혈이라 하니 최고수들의 의견이 크게 다를 수가 있단 말인가. 누구의 말이 옳은지! 정답이라면 두 분의 의견이 일치해야 되지 않을까.

그 옛날 저명인사들의 묘소도 감정해 보면 명당자리라 하니, 풍수지리 학설을 신뢰할 수밖에 없지 않은가.

한영필은 대성리 대문안 뒤 능선을 보고 용의 형국이라 생각하며 답사까지 했다. 그래서 느낌대로 몇 줄 썼지만 내가 서당개 삼년도 아니고 감히 어느 안전이라고 횡설수설하는지, 무속신도 아닌데 그저 그렇게 내 잘난 멋에 사는 거지.

28번째, 옆집에서 옆집으로

늘 그렇든 빈 집은 손 볼일이 많다

내 이삿짐은 한 차, 가는 집 쓰레기는 두 차.
앞집 유사장님 짐차 이유하 여사는 운전을
고마운 두 분의 도움으로 힘을 낸다.

옆집에서 옆집으로 이사하는 마음
그렇지만 이웃의 도움으로 우울은 해소된다.
나의 좋은 기회라고 남을 힘들게 해서는 안 된다는
나의 신조가 내게는 불이익으로 돌아왔다.
나는 늘 그렇게 살아왔다 후회도 했다.
그러나 천성은 변하지 않았다.

고산길에 백일홍도 심고 봉선화 심어 김 매고 비료 주어
담벽에는 매 난, 국, 죽 사계절 벽화를 그려
아름다운 마을로 변모하고 다투어 벙그는 봉오리
벌통을 드나드는 벌의 역사 내 마음도 변신한다.

가는 곳 마다 그랬다. 또 주민들은
나를 미워하지 않았다. 그렇지만 또 떠나야 한다.
나는 선무당 귀신을 닮았나 보다.
나는 역마살이 꼈나보다.

제 8 장

반세기 변화

매란국죽 4군자

대한민국 박정희 대통령

박정희 대통령 하면 5.16 군사혁명이 떠오른다. 그때 나는 대구 미16병참 중대서 군 복무 중이었다. 미군부대라 그런지 비상근무 상태까지는 아니더라도 군부대는 어수선했다.

전 부대원은 혁명공약을 암송한다. 반공을 국시의 제1로 삼고 기아에서 허덕이는 민생고를 시급히 해결한다는 공약이 생각난다.

그 후 새마을운동이 전개되고 파괴는 건설이란 말과 같이 불량시설이 철거되고 정신개조 의식개조 빠른 속도로 변화된다.

경제개발 5개년 계획 2차 5개년 계획 장기집권 18년 동안 6.25 이후 정치와 경제상황에 현대 사회서 화려한 대통령의 업적이었다.

과거에 배고프고 헐벗고 1950년 6.25전쟁과 정치 쓰라린 모든 것을 물리치려는 국민적 염원과 박정희 대통령은 일사천리, 우리도 한 번 잘 살아보세 유성방송 새마을노래 밤낮이 없었다.

우리에겐 자본도, 자원도, 기술도 없었다. 8.15 해방도 잠시 6.25 한국전쟁으로 폐허 잿더미서 자식도 잃고 이산가족되어 망연자실하였다. 그러나 우리는 다시 일어난다. '우리는 모래알 민족이다'라고 말하고 싶다.

작지만 단단하고 강하다. 국가에서는 재건운동본부를 설치하고 다시 일으킨다. 종자를 갱신하여 통일벼를 심어 다수확을 한다. 그때부터 밀가루 막걸리서 쌀막걸리로 변신하였고 보릿고개를 밀어붙이었다. 박 대통령도 맥고모를 쓰고 논두렁에 앉아 막걸리를 마시는 모습이 흑백 텔레비젼에서 가장 행복하게 보였다.

그때 20대, 30대가 주역이었으니 지금의 80, 90대가 되겠다. 우리가 지금 풍요롭게 사는 것은 피와 땀 눈물이었다는 것을 오늘날 젊은이들은 잊어서는 안 된다.

그런데 자력으로서는 한계가 있다. 돈이 너무 없어 박정희 당시 소장은 미국으로 돈을 차관을 말했지만 거절당하고 빈손으로 돌아오며 일행은 서러워 눈물을 흘렸다 한다. 가난한 나라에 돈 빌려준다는 나라는 없었다.

64년 12월 7일 서독 방문, 당시 우리와 같은 처지에 동서독이 분단된 서독으로 가서 돈을 빌리고 광부와 간호사를 보내어 봉급을 담보로 하여 약속하고 돌아와 모집하는데 많은 사람이 모여들었다. 간호사와 광부가 김포공항에서 서독 항공기로 떠나는데 눈물바다가 되었다. 가난한 서러움이기도 하다.

서독에 도착한 간호사들은 뿔뿔이 흩어져 말도 통하지 않는 낯선 이역만리 타국에서 간호사들은 선듯하고 굳어진 시체를 닦는 일이었다. 얼마나 놀랬을까.

광부들은 지하 1,000미터 깊은 땅 속에서 뜨거운 지열을 받으며 일해야 한다. 서독 광부에 비해 몇 시간씩 더 석탄 캐는 일을 했다. 서독 신문방송은 대단한 민족이라고 칭찬했다.

서독 대통령의 초대로 박 대통령이 방문하게 된다. 비행기를 빌리려 해도 가난한 나라라고 못 빌리고 서독에서 비행기를 보내줘 서독에 도착했다.

시민들은 플래카드를 들고 코리안 간호사 만세, 코리안 광부 만세, 환대를 받았다. 박 대통령은 영어를 모르니 "땡큐, 땡큐"만 반복했다.

박 대통령과 일행은 서독 대통령과 광부를 위로하기 위하여 탄광에 갔다. 강당에 들어서니 광부들은 작업복 차림에 시커먼 얼굴, 대통령 연설이 있기 전에 애국가를 불렀다. 너무 감격하여 애국가를 제대로 부르지 못했다.

대통령의 연설, 가난하기 때문에 이역만리 타국 땅에 1,000미터 지하에서 일하는 광부들을 보니 목메어 연설을 잘 못했다. "우리는 열심히 일합시다. 후손들을 위하여 나라를 위하여 열심히 일합시다." 눈물 머금은 음성으로 일합시다를 반복한다.

광부들 그리고 간호사들, 싸늘히 굳어진 시체를 닦는 어린 간호사, 그리고 배곯고 있는 국민을 생각하니 대통령은 눈물을 흘렸다. 광부, 간호사 모두 울며 영부인 앞으로 몰려와 "어머니, 어머니!"하며 육 여사도 함께 울며 "조금만 참으세요." 껴안아 주며 위로한다.

서독 대통령도 덩달아 울며 "우리가 도와주겠습니다." 약속하였다. 국회 연설에서도 대통령은 도와달라는 말의 연속이다.

유엔 회원국 중 120개 나라에서 우리가 제일 못 사는 나라로 76불이었으니 돈 되는 일이라면 무엇이든지 했다. 머리카락을 잘라 가발을 만들고 엿장수들은 쇠붙이와 고물을 모았다. 또 전국에 쥐잡기 운동을 벌였다. 쥐털로 밍크를 만들어 외국에 팔았다. 깡통을 오려 생활용품을 만들고 플라스틱으로 조화를 만들어 팔았다.

그리하여 1965년 수출 1억 달러를 달성했다. 세계가 놀랐다. 거지나라가 1억 달러를 수출해? 어느 나라에서도 거지나라에 돈 빌려 줄 나라가 없었는데 지구상에서 깜짝 놀라게 할 기적을 이루어냈다.

50년 전만 해도 병원 가면 영양보충하라 하였다. 허약하여 병이 생겼다 할까! 지금은 그와 반대로 병원 가면 살을 빼라한다. 비만하여 병이 생겼다 할까! 우량아 선발대회하여 우량아로 선발되면 남양분유를 상품으로 주었다. 지금은 바람직한 일이 아니라 생각된다.

그때만 해도 환갑노인이면 장수한다 했지만 지금은 100세 시대다. 의학이 발달되고 생활환경이 개선되고 여유가 있어 건강관리를 하기 때문이다. 그 시대를 생각하니 지금 우리생활은 지상 천국이고 천지개벽이다.

그 당시 북한은 남한보다 경제, 문화적으로 앞섰다고 생각하나 김일성 삼부자 체제로 북한주민은 생활고에 허덕이고 쌀밥에 고깃국 먹는 것이 희망이지만 그 전망이 보이지 않는다.

남한에는 개도 쌀밥에 고깃국을 먹지만 애견이라면 고급사료를 주고 병원진료를 받으며 침대서 생활하지만 북한 주민은 남한 개만도 못한 삶을 살고 있다고 생각된다.

이와 같이 남북한이 6.25 사변 후 비교할 수 없는 격차를 보이는 것은 박정희 대통령이 근대화를 시켰고 서독광부, 간호사, 중동건설, 월남파병, 그리고 그 시대의 국민적 정신 삼위일체 되어 오늘날 대한민국이 눈부시게 발전하여 10위권의 국가로 성장하였으니 우리 민족은 모래알 민족이라고 나는 이렇게 말한다.

낱개로는 단단하고 반짝인다. 그러나 잘 뭉쳐지지 않는다. 거기에 시멘트를 넣어 믹스하여 믹서기를 돌리면 아주 단단한 물체를 이룬다. 이 믹서는 바로 정치권이다. 그 중에도 국민을 대변할 국회의원이다. 잘 다져진 삼천리에 튼튼한 나라 세워 세계에 으뜸가는 대한민국 통일대한민국이 되기를 희망한다.

파면 대통령 박근혜(18대)

2013년 2월 25일 나는 대통령으로써 헌법을 준수하고 국가보위를 하며…. 박근혜 대통령이 취임 선서를 했다.

2017년 2월 27일 최순실 국정개입 논란이 일자 탄핵심판 찬반에 국회 300석 중 240표로 가결되자 앞으로 지금의 혼란을 극복 최선을 다하겠다.

2017년 3월 10일 재판관 8명 중 전원일치로 헌정사상 첫 파면 대통령이 되었다.

청와대에서 밤에 나와 사저에서 대변인을 통해 소명을 다하지 못해 미안하다. 시간이 가면 진실은 밝혀질 것이다. 헌재에 대해 믿지 않겠다. 할 말이 없다. 유구무언의 뜻이 아니고 부정적으로 말을 늘어놓았다.

대통령으로써 나라를 이 모양으로 촛불광장 5개월 동안 민생과 혼란의 원인 당사자로서 국민에게 사과 한마디 없이 뻔뻔스럽기가 철판이다.

최순실 국정개입하고 사익을 위해 대통령의 지위와 권력을 남용하였고 법과 원칙과 신뢰를 우선으로 한다는 박근혜는 법을 무시하고 최순실 국정개입 사실을 은폐하고 국정조사에 응한다 하고 여러 번 응하지 않으니, 못난 국민은 법을 지키고 대통령은 불법 행위를 해도 되는지 모든 국민은 법 앞에서 평등하다 하였는데 특권 세력은 위법해도 된다면 공산국가와 다름없고 어찌 민주주의라 하겠는가.

촛불이나 태극집회 국민들 속에 정치권에서 얼굴을 내밀고 대통령 하겠다고 동참하는 모습은 국제적 망신이며 정치는 의사당에서 해야지 쥐약 먹었나 왜 뛰쳐나오나. 그러니까 국민들은 위정자들을 당리당략 사리사욕을 추구하는 세력으로 보고 신뢰하지 않고 우러러 보지 않는다.

대통령은 과거에 막역하다하여 청와대를 무사통과하고 주사아줌마는 뭐고, 외부서 들어오는 의료원은 뭔지 대통령 주치의도 있을 법한데, 청와대가 무슨 복지회관인가 안보를 중시한다면서 청와대 참모들은 무엇했나. 바른 소리 쓴 소리는 약이 되는데 약발이 안 받은 모양인가.

최순실 사익추구 개입은 억울하다, 엮였다, 대명천지에 이런 말을 어떻게 하는지 소가 웃을 노릇이다. 자기 위치와 신분도 모르는 사람을 이제와 생각하니 내 엄지손가락을 잘라내고 싶은 생각이다.

이제 자연인의 신분으로 검찰조사에 질문자나 답변자나 법은 만인앞에 평등하다는 것을 보여줘야 한다.

박근혜는 조서 받은 문서를 꼼꼼히 살폈다 하는데, 나라 일을 꼼꼼히 살폈어야지 본인의 불리한 일은 꼼꼼히 살펴보고 나랏일은 왜 이모양으로 만들었나? 아직도 정신 못 차리고 국민 앞에 사과할 줄 모르는가.

촛불도 태극기도 이제는 모두 자중하고 갈라진 국론을 하나로 모아 정치인이나 국민들 혼란한 과도기를 지혜롭게 지켜나가야 한다. 폭풍우가 지나면 찬란한 햇빛이 나오듯 대한사람 대한으로 길이보존하기를 바란다.

혼란한 사회

재래식 농사에서 현대식 기계 영농 사회로, 그리고 산업화로, 풍요로운 세대에 태어난 청소년들 낭비에 허영심에 가득 차 있다. 손에는 스마트폰 게임에, 멀쩡한 얼굴을 뜯어 고치고, 멀쩡한 바지를 해지게 만들어 입고, 승강장 대로에서 껴안고 열불나는 애정인지, 중학생들은 빨간 입술을 뽐내고, 게다가 성인들은 툭하면 이혼 물질문명이 발전하여 살기는 좋아졌다지만, 오늘을 사는 할아버지들은 걱정스럽다.

국민의 대변자, 또는 법과 질서를 원칙으로 하는 애국한다는 위인들, 재벌들은 거액의 체납자들, 거리에 채소 몇 단 놓고 끼니도 제 시간에 챙기지 못하는 삶을 아는지, 많이 배우고 가진 자들 사람답게 살았으면, 어찌 청소년들을 탓하랴. 그들에게 본이 되고 리더가 되어야 할 인간들이 이 나라 장래를 염려했으면 한다.

우리는 핵을 머리에 이고 산다. 그런데 정치권은 정쟁만 일삼고 안보는 뒷전이다. 싸드 설치를 해야 하는 중차대한데 야당 일부 국회의원들은 방중을 하여 싸드에 대해 이야기한다는 목적으로 간 모양인데, 권위자들은 만나지도 못하고 한마디 말도 못하고 돌아왔으니 부끄러워 어쩌나. 국가와 국민을 위한 건설적인 일이라면 여야가 따로 없이 의견일치한 마음이어야 한다. 이 땅에는 온갖 폭력, 범죄, 빈곤층, 질병 등이 만연하고 있다.

우리라는 개념보다는 나라는 관념, 이기주의 편의주의 황금만능의 노예가 된 어리석은 자, 오늘을 사는 갑질들에게 경고한다. 제발 사람답게 행동하고, 윗물이 맑아야 아랫물이 맑다는 진리를 우리 모두는 각성해야 한다.

산수(傘壽 80)

나의 평생을 뒤돌아보면 와가(瓦家)도 있었고 초가(草家)도 있었다. 흐르는 물과 같이, 떠다니는 구름과 같이, 툭하면 정처 없이 떠나는 기질(器質)이 있어 거처를 정하게 된다. 여기 천안 풍세면에 스물아홉 번째 정착하게 된다.

그러나 어찌 사람을 원망하고 하늘을 원망하랴. 유년시절은 나도 귀엽게 자랐고, 나무 바퀴로 수레를 만들어 태우고 쌀로 투가리 밥을 지어 고등어 반찬에 귀엽게 키웠다.

나의 출생지는 평안남도 순천이고 일정 때 강원도 홍천에 임시 정착하며 사는 동안 해방을 맞이하고. 6.25 사변으로 가세는 기울어 아버지는 일본 강제노역으로 돌아오지 못하고, 숙부는 6.25난으로 병사하였고, 가마니로 들것을 만들어 조부님은 죽은 자식을 앞에서 메고 온 식구가 달라붙어 시체를 양지바른 고사리 밭에 운구하여 밤에 묘를 썼다. 전염병과 비행기 포격으로 낮에는 사람들이 출입을 하지 못하였다.

삼십대의 자식을 가슴에 묻고 남편을 잃은 아내는 하늘이 무너진다. 강제노역으로 일본 간 아들도 생사를 모르고 혼자 된 두 며느리와 이곳 홍천에서 산다는 것은 하루가 여삼추다.

아무 계획도 예산도 없이 충북 땅 미원으로 방향을 둔다. 이곳에 고모님이 살기 때문이다. 악몽 같은 삶 뒤돌아보고 또 돌아보고 자식을 묻고 무거운 발길을 돌린다. 기대와 희망이 있는 것도 아니고 하루하루 삶이 고통이다.

전쟁의 잔재는 잿더미이고 세계서 제일 못사는 나라이기에 대다수 국민은 목구멍에 풀칠이 급선무였다. 그러나 열심히 밤낮 노력하며 자녀 시집 장가보내고 지금은 손자손녀 여럿 두고 서울대학 재학 중에 있고 외국 어느 나라인가 학교 추천으로 교육받고 왔다. 전쟁의 잿더미에서 세계 10위권에 있으니 의식주 생활이 전에 비해 천양지차다.

그런데 80년대 사업에 실패하여 15년간 나 홀로 어머님을 모시며 여가를 선용하여 그림을 그리고 활쏘기를 하며 시조시를 쓰게 되고 화집도 내고 시집도 내며 전시회도 하며 각종 상패와 작가증서로 진열장을 장식하게 된다.

불우한 역경과 가정불화 속에서 몇 번이고 붓대를 꺾어버리고 취미생활을 접었겠지만 둔하고 미련한 자라 오늘까지 왔다. 사람들은 날 보고 팔자 좋다지만 모르는 소리다. 남들은 고향을 운운하지만 나는 고향도 타향도 없다. 이사를 스물아홉번이나 전전하였으니 가는 곳이 고향이고 타향이다.

타고난 성품이 남을 배려하고 먼저 생각하니 내게는 유익함이 없다. 사람들은 해외여행 자랑이지만 내게는 전설의 고향이고 국내관광도 못하였으니 우물 안 개구리 맹꽁이만도 못하다. 가난과 싸우고 지필묵을 벗 삼았으니 내 주머니는 빈털터리고 사람 노릇도 못한다. 많은 분들은 그래도 외면하지 않으니 감사할 따름이다.

해가 갈수록 기력이 쇠진하고 기억력이 없고 검은 머리 파뿌리 되고 깊게 파인 주름살에 흙진주만 무성하다. 아! 허무인생 세월은 기다려

주지 않는다. 인생은 드라마고 나는 주인공이다. 파란만장한 인생길 종착역에서도 어느 날 자신이 결정하는 것 인명은 재천이란 말 내 사전에는 없다. 필자는 팔순을 회고하면서 문집을 모아보지만 부끄러운 줄 모르고 용감하니 다행이다.

어려운 때 주 식량 옥수수, 감자

옥수수로 못 만드는 음식은 없다. 어려운 때 주식으로 사용하기 때문에 다양한 음식을 만들게 되었을 것이다.

옥수수를 맷돌에 갈아 체로 쳐서 가루는 빼고 거친 것을 옥수수 쌀이라고 하는데 이것으로 옥수수 밥을 짓는다. 옥수수 밥, 떡, 묵, 술, 엿, 부침개, 올챙이묵, 수제비 등등. 옥수수 수염, 속대, 속껍질을 말려 옥수수 차를 끓여먹으면 이뇨작용이 잘 되어 붓기가 빠지고 다이어트에도 도움이 된다고 한다. 지금도 북한에서는 주식으로 옥수수를 배급한다고 하며 남한에서는 풋옥수수를 삶아서 맛으로 먹는다.

감자하면 강원도를 떠올리게 된다. 감자는 전분이 많아 큰 통에 담아 썩혀서 물을 자주 갈아 냄새를 없애고 말리면 흰 눈 같이 고운 가루가 되어 고급 식재료로 쓰게 된다. 감자로 끼니를 때우기도 하고 강판에 갈아 부침개도, 송편도 만들고 감자로 여러 가지 음식을 만든다.

감자, 옥수수는 산골에서도 잘 되고 온대, 한대 할 것 없이 어느 나라에서도 재배가 잘 되고 옥수수는 사료로도 쓴다. 옥수수를 강냉이라고도 하는데 임진왜란 때 강남에서 들여왔다 하여 일명 강냉이라고 부른다. 강원도 사람을 감자바위라 했지만 균형 발전하여 청정지역으로 살기 좋은 곳으로 각광받고 있다.

초근목피(草根木皮)

— 1940년

조반석죽이란 말이 있다. 초근목피와는 어울리지 않는 말이다.

아침이라도 날알 섞인 죽이라도 먹을 수 있었으면 굶어 죽는 일은 없을 것이다. 못 먹어 붓고 누렇게 떠 부황이 나고, 젖이 안 나와 배고파 우는 아기를 안고 속울음을 우는 엄마의 마음이 찢어지고 아기를 낳고 엄마가 먼저 죽는다. 줄줄이 아이들은 엄마를 부르며 울부짖는다. 옆집에서도 애기들 울음에 같이 울고 같은 처지라 도와줄 수도 없는 것이다. 산에 사는 산짐승은 굶어죽는 일은 없다. 생리적으로 사람은 잡식성이 아니므로 곡기가 없으면 죽는다.

왜 굶어죽느냐 하겠지만 농사는 안 되고 식구는 대식구, 한 지붕 아래 열댓 식구 3대가 살고 일할 사람은 몇 사람 안 되고, 일이라야 칡뿌리 캐고 둥글레 물굿 먹을 수 있으면 무엇이든지 캐서 모은다. 또 소나무(조선솔 적송)를 베어 껍질을 벗겨 불 땐 잿물에 푹 삶아 돌판에 놓고 방망이로 쪄 부드럽게 만들어 낟알가루를 섞어 송기떡 또는 죽을 쑤어 먹는다. 대변을 볼라치면 변비가 심해 아이들은 울며 할머니를 부른다. 할머니는 나무꼬챙이로 똥구멍을 파낸다. 할머니도 울고, 아기도 울었다. 할머니는 마음이 아파서 울고 아기는 똥구멍이 아파 운다.

초근목피에 낟알 가루를 버무려 먹고 연명하니 곡기는 없고 어른들은 배가 고파 잠을 이루지 못하고 애기들도 젖이 부족하여 보챈다. 큰 애들은 밥 달라고 하고, 전염병이라도 돌면 동네 아이들은 싹쓸이 죽어나간다. 그래서 그때는 출생신고를 늦게하여 몇 살씩 줄었다.

때가되면 아낙들은 먹을 것 없어 무엇을 먹을까 식구들을 생각하니 배고픔이 서럽다.

— 2016년

오늘날은 때가 되면 무엇을 먹을까, 외식으로 유명한 식당을 찾아 거리와 상관없이 온가족이 즐거운 식사 기분을 만끽한다.

1940년부터 오늘을 누가 알까? 암울했던 아니 생생했던 옛날을 우리는 겪었다. 없는 것은 죄가 아니다. 살아가는데 불편할 뿐, 남에게 불편하게 하지 않고, 남의 눈에 눈물나게 하지 않고, 가난하다고 부도덕한 일 없고, 양심과 약속을 지키고, 남을 배려하며 사는 것이 가난한 사람들의 생활신조다.

재벌총수들이 줄줄이 불려가 청문회를 한다. 수십 수백억을 기부한다지만 이것은 대가성이 있는 것이고 부정부패의 연결고리인 것이다. 질문에 아니요, 기억이 안납니다 라며 진땀을 뺀다. 질문을 하는 사람도 부정한 행위가 없을까? 똑같은 사람들이 질문을 하며 호통을 친다.

부자를 부정하는 것은 아니다. 가난한 사람이 덕을 보게 마련이지만 정의로운 사회양심의, 사회믿음의 관계를 이룩해야 된다.

사람의 죄와 부패하고 포악함이 이 땅에 가득하고 생각하는 모든 것이 악할 뿐이니 천륜을 저버리고 민심이 천심이라 하늘의 뜻을 순종하지 아니하고 정의로운 의인 말을 부정하며 권력과 물질의 지나친 욕심으로 사회물의를 일으키고 자신도 멸망하게 된다.

정치권이 그렇고, 재벌이 그렇고, 너와 나 할 것 없이 죄악 속에서 허우적거린다. 하나님의 보배로운 백성이 되어야 하며 순종하여 존비, 상하 화목해야 하는데, 하나님도 더 이상 참을 수 없어 불로 심판할 것이다.

노아시대 40일을 주야로 비를 내려 홍수로 사람들을 지면에서 쓸어버렸지만 이제 홍수가 아닌 불로 종말이 올 것이다. 살생무기를 만들고 핵을 보유하니 이것이 불이요, 순간에 불바다가 된다.

사람의 죄와 포악함이 이 땅에 가득하고 생각하는 모든 것이 악할 뿐이니 핵보다 더 무서운 것은 나 본인이 존재한 것이다.

장례식 문화 바꿔야 해

사람을 만물의 영장이라 하지만, 생로병사는 누구나 피할 수 없으며 태어나서 살다가 죽는 것은 자연의 순리요, 철칙인 것이다. 망자는 유가족에 의하여 장례를 치르게 된다.

각 나라마다 장례문화가 다르겠지만 대개는 화장이나 매장을 한다고 본다. 지구상 어느 나라인가는 죽은 시체를 산야에 버려 새와 짐승의 밥이 되게 하는 나라도 있다고 한다.

풍수지리 명당을 찾아 고인의 명복과 자손들의 부귀 발복을 바라며, 호화분묘를 조성하여 지탄을 받거나 법의 제지를 받는 일도 많다.

그런가 하면 세계적인 인물 등소평은 본인의 의사에 따라 화장을 함으로 장례문화를 바꾸는데 획기적인 모범을 보였다. 우리나라의 SK 최종현 회장도 그러한 유언을 남겼다. 그로 인하여 이제 새로운 변화가 있으리라 본다.

풍수지리학상 산세와 물 흐름에 따라 그 정기가 살아있어 그 자리에 묘를 쓰거나 집을 지으면 정기를 받아 자손도 번창하고 부귀영화를 누린다고 한다.

그러나 전 국토가 개발로 준령태산의 허리가 끊기고, 목이 잘리고, 물 흐름을 막아 돌리고 땅속 깊이 교각을 박아 혈맥이 끊어졌는데 어찌 명당이라 하겠는가.

현시대를 사는 우리 모두는 풍수지리설만 중요시하지 말고 장례문화를 바꾸어야 한다. 매장하여 봉분 장례만을 고집한다면, 앞으로 산은 온통 훼손되고 멀지 않아 산야는 산소로 몸살을 앓고 흠집을 낳게 되며 그 피해는 우리 후손에게 돌아갈 것이다.

최근 가족 납골당이라하여 마을 가까이 시설되는 것을 본다. 그 비용만도 수천만 원이 든다고 한다. 이는 돌아가신 부모님을 편히 모시는 시설이라고 할는지 모르지만, 습기가 차면 벌레가 생긴다. 유골에 벌레가 득실거리면 보기 좋을 리 없다. 그렇다고 독한 살충제를 뿌릴 수 있을는지! 벌레도 살충제도 마음 아픈 일이다. 시설 자체가 바람직하지 않다. 왠지 섬짓한 마음이 들어 자손은 찾아가지 않을 것이다. 세월이 지나면 납골당이야말로 애물단지가 될 것이다.

요즈음 수목장이란 말을 자주 듣게 된다. 화장한 골분을 나무 밑에 묻으면 수목도 잘 자라 공생하는 것이며 영혼도 하늘에서 기뻐할 것이다. 한줌의 흙으로 돌아간 육체가 청정한 대자연에서 자유로 호흡하면서 훨훨 날을 것이다. 납골당 숨 막히는 좁은 공간에서 벌레의 밥이 되어 망자나 생자가 고통 받는 일이 되어선 안 되겠다.

오래된 공원묘지는 파묘하여 수목장 묘지로 바꾸는 것이 바람직하다. 생전에 좋아하던 수목을 택하여 심는다면 각종 수목이 어우러져 조상님들의 안식처요, 자손들의 휴양림이 될 수 있다.

전국 처처에 공동묘지를 수목장으로 조성한다면 이곳이 곧 명당이며 가족 동반하여 성묘도 하고, 자연도 살려 여러 모로 좋은 일이 될 것이다. 국가정책적으로도, 또 국민 모두가 수목장을 장려하여 장례문화를 바꿀 필요가 있다.

조상님들을 봉분하여 산소에 잘 모셔놓고 해마다 금초하고 성묘를 한다. 그러나 생활에 따라 경향 각처에서 바쁘게 살다보면 일 년 한 번 금초도 못하고 그 어느 날 친인척이 금초를 하게 된다. 금초도 성묘도 못하면 친척 간 의리만 상하게 된다. 자기는 자손이 아닌가, 누구는 안

바쁜가, 하면서 조상들 모셔놓고 원성만 남게 된다.

나중에는 아무도 돌보지 않아 묵 묘가 되고, 실묘 지경에 이른다. 이것이 오늘의 현실이다. 그럴 바에야 화장하여 수목장을 하는 것이 바람직하다.

나는 유교문화를 교육받은 사람이다. 관혼상례법을 철저히 지켜 살았지만 산업근대화와 외래문화에 밀려 미풍양속을 고집하기는 너무 독선이기에 시류에 따라 살기로 다짐하면서 수목장을 하는 것이 현실에 부합된다고 본다.

우리나라 전면적의 70%가 山인데 산림은 잡목뿐이고 경제림 조성이 안 되어 있다. 6.25 전후 산은 온통 민둥산이고 땔감도 귀했고 장마지면 홍수가 나고 사태가 떨어져 가옥 전답이 쓸려 묻었다.

박정희 대통령 때 山林녹화라고 임시방편으로 잡목씨 즉 아카시아, 오리나무, 참나무, 싸리씨 등을 부락에 배정하여 사방공사에 불과하고 화목으로 대치하는 정도로 산림녹화는 되었지만 경제적으로 아무 도움이 안 되고 지금은 화목으로도 용도가 못된다. 정책적으로 수목갱신을 하여 산림경제에 힘써야 한다.

장사에 관한 법률 개정안이 통과는 되었지만 다른 나라에 비해 낮은 수준이다. 중국은 100% 화장이고 일본만 해도 98%인데 비해 우리나라는 79%로 아직도 국민들의 인식이 미흡하다. 이는 국가에서 기존의 공원묘지 사용만기가 되면 화장하여 그 자리에 평소에 망인이 좋아하던 나무를 심으면 자연히 수목장이 되고 그 본보기로 다른 사람들도 따라하면, 전국 공원묘지는 자연적으로 경제림이 조성될 것이고 앞뒤

산에 수많은 묘지와 비석 등 석물을 제거하고 그 자리에 수목장을 하면 머지않아 자연녹지로 변화될 것이다. 그러기 위해서는 국가에서 화장 비용이라도 지원하여 전국 공원묘지를 점차적으로 경제림으로 대치하여 국가경제에 이바지해야 한다. 개인적으로도 묘 관리에 비용과 인력이 소모되지 않고 앞으로 납골당이나 공원묘지 조성에 인허가를 내주지 말아야 한다.

그리하여 좁은 국토를 효율적으로 이용해야 하며 국가나 개인적으로 큰 사업을 하기 위해서 산야를 훼손하는데 전국 공원묘지를 사용한다면 일석이조, 아니 일석오조가 될 것이다.

정치하는 나라님들 이런 공약을 해야 됩니다. 한 표라도 깎일까 벌벌 떨고 국가 장래는 생각 않고 코앞에 닥치는 입신양명만 생각하지 말고 후손에게 대업을 물려줘야 한다.

우리 모두는 장례문화를 바꿔 수목장으로 하여, 금수강산 그 아름다운 이름을 부끄럽지 않게 잘 가꾸어야 한다.

머루와 다래

— 충청도와 경상도

머루 : 다래씨 우리 만나유.
다래 : 언지예
머루 : 기다릴께유
다래 : 어디예
머루 : 뒷골 보리밭 있지유
다래 : 보리밭에 냉이가 많은 갑네예
머루 : 보리피리 만들어유
다래 : 내는 피리 불지도 모릅니더
머루 : 손을 잡아 끌며 와봐유
다래 : 와캅니꺼 누가 보면 우짤겁니꺼
머루 : 아무 말 말구 와보면 알어유
머루와 다래는 보리밭에 들어갔다.

촉새 아줌마 : 보리농사 절단 냈다고 동네방네 소문낸다.

원고 마감을 하며

백수문이란 말이 있다.
시작이 반이란 말도 있다.
처녀출전한 마라톤을 완주할까 자신감이 없었다.
회고록은 아무나 쓰나, 유명인사라야 쓰지, 자책하며
남이 써놓은 책이나 자문도 받을 수 없었고,
아무에게나 말하지 못하고 말부터 앞세우면 실언이 아닌가 하고,
고생 끝에 낙이 있을까?
눈 어두워 안경 너머로 건망증을 스스로 달래며 인내하며,
학문도 젊어서이지 늙으면 아니다라는 것을 실감하였다.
그러나 하면 된다. 시종일관 초심을 잃지 말자.

또 한편 물심양면으로 여러분이 많이 도와줘 힘을 얻었다.
감사할 뿐이다.

한영필 산수기념 문집

다송 한영필 자서전

발 행 일 | 2017년 5월 25일
지 은 이 | 한영필
발 행 인 | 李憲錫
발 행 처 | 오늘의문학사
출판등록 | 제55호(1993년 6월 23일)
주　　소 | 대전광역시 동구 대전로 867번길 52(한밭오피스텔 401호)
전화번호 | (042)624-2980
팩시밀리 | (042)628-2983
전자우편 | hs2980@hanmail.net
카　　페 | cafe.daum.net/gljang 문학사랑 글짱들
카　　페 | cafe.daum.net/art-i-ma 아띠마(아트 매거진)

공 급 처 | 한국출판협동조합
주문전화 | (070)7119-1752
팩시밀리 | (031)944-8234~6

ISBN 978-89-5669-819-9
값 15,000원

* 이 책은 ㈜교보문고에서 E-Book(전자책)으로 제작 · 판매합니다.
* 잘못 제작된 책은 바꾸어 드립니다.

이 도서의 국립중앙도서관 출판예정도서목록(CIP)은 서지정보유통지원시스템
홈페이지(http://seoji.nl.go.kr)와
국가자료공동목록시스템(http://www.nl.go.kr/kolisnet)에서 이용하실 수 있습니다.
(CIP제어번호 : CIP2017012091)